나폴레온 힐의 명언

NAPOLEON HILL

안진환 엮음

Napoleon Hill

나를 성공으로 이끄는 시간

365일 필사 일력

헨리하우스
HENRYHOUSE

THE LAW OF SUCCESS

THINK AND GROW RICH

나폴레온 힐의 명언 **365일 필사 일력**

나를 성공으로 이끄는 시간

초판 발행 2025년 11월 07일
엮은이 안진환
펴낸곳 헤르몬하우스
펴낸이 최영민
인쇄제작 미래피앤피
주소 경기도 파주시 신촌로 16
전화 031-8071-0088
팩스 031-942-8688
전자우편 hermonh@naver.com
출판등록 2015년 3월 27일
등록번호 제406-2015-31호
ISBN 979-11-94085-81-2 (03190)

나폴레온 힐
Napoleon Hill

나폴레온 힐(1883년 10월 26일~1970년 11월 8일)은 미국의 자기 계발서 작가이자, '성공 철학(Success Philosophy)'이라는 개념을 정립하고 대중화한 선구자이다. 그는 '성공'을 이루기 위한 원칙과 실천법을 체계적으로 정리했으며, 특히 '강렬한 열망'의 힘을 강조했다. 명확한 목표 설정, 긍정적 사고, 반복적 자기암시, 협력(마스터 마인드) 등 다양한 성공 원리를 제시해 자기 계발 분야에 독보적 영향을 끼쳤다.

힐의 행적과 주장은 일부 논란과 검증되지 않은 일화가 남아 있지만, 현대 성공학 분야의 대중화와 체계화에 기여한 핵심 인물로 평가된다.

그는 1937년 출간한 『생각하라, 그리고 부자가 되어라(Think and Grow Rich)』로 세계적 성공을 거뒀다. 이 책은 오늘날까지도 가장 많이 읽히는 자기 계발 고전으로 꼽힌다. 그 밖의 주요 저서로는 『성공의 법칙(The Law of Success)』, 『기적은 당신 안에 있다(You Can Work Your Own Miracles)』 등이 있다.

THE LAW OF SUCCESS

THINK AND GROW RICH

Napoleon Hill

나를 성공으로 이끄는 시간

돈이 성공의 전부는 아니다.
하지만 성공의 확실한 지표 중 하나가
돈이라는 사실은 부인할 수 없다.
저축이든 투자든 사업이든, 경제적 여유를 얻기 위한 길은
올바른 마음 자세에서 시작된다.
『나폴레온 힐의 명언, 365일 필사 일력』은
매일 그의 명언을 직접 필사하며
부자의 마음가짐을 다지도록 돕는다.

31

인생은 체스판과 같고, 상대는 시간이다. 망설이거나 타이밍을 놓치면 나의 말은 사라진다. 나는 우유부단을 용납하지 않는 상대와 게임을 하고 있다. 예전에는 원하는 대로 일이 풀리지 않을 때 변명했지만, 이제 더 이상 변명은 통하지 않는다. 나는 이미 부의 문을 여는 열쇠를 손에 쥐고 있기 때문이다.

부자 법칙 6단계

1단계: 스스로 열망하는 정확한 금액을 확정한다.

2단계: 그 돈을 확보하는 대가로 무엇을 낼지 규정한다.

3단계: 그 돈을 언제까지 확보할 것인지 시일을 정한다.

4단계: 열망의 실현 계획을 구체적으로 세우고 실행한다.

5단계: 위의 내용을 담은 성명서를 간결하게 작성한다.

6단계: 아침저녁으로 하루 두 번, 성명서를 큰 소리로 읽는다.

30

근심은 두려움에 뿌리를 둔 마음의 상태로, 서서히 그리고 끈질기게 작용한다. 은밀하게 퍼져 이성의 기능을 마비시키고 자신감과 솔선수범 의지를 파괴한다. 근심은 흔히 우유부단에서 비롯된 지속적 두려움의 한 형태로, 결국 통제할 수 있는 마음 상태임을 기억해야 한다.

QQS 공식

[질(Quality) + 양(Quantity) + 직업 정신(Spirit) = 서비스]

― 사람은 누구나 자기 개인 서비스(역량)를 판매하는 영업사원이다. 그 서비스가 지닌 질과 양, 그리고 정신이 개인의 수입과 사업의 지속성을 좌우한다.

• **서비스의 질**은 자신의 직무와 관련된 세부 사항을 효율적으로 수행하는 것을 뜻한다.

• **서비스의 양**은 연습과 경험으로 기술을 갈고닦으며, 언제든 가능한 한 모든 서비스를 제공하는 습관을 말한다. 핵심은 바로 '습관'이다.

• **서비스의 정신**은 긍정적인 태도로, 조화를 이루려는 습관적 태도를 의미한다.

29

죽음을 곱씹는 습관은 주로 할 일이 없거나 목적이 없을 때 생긴다. 이 두려움은 나이 든 사람들 사이에서 흔하지만, 젊은이도 피해 가지 않는다. 가장 좋은 치료법은 타인에게 유용한 서비스를 제공하고, 성취의 기쁨을 누리며 바쁘게 사는 것이다. 열망에 몰두한 사람에겐 죽음을 곱씹을 여유가 없다.

January

1

Guide to Success

Napoleon Hill

28

죽음에 대한 두려움은 인간에게 가장 잔인한 두려움일지도 모르며, 때로 종교적 광신으로까지 이어진다. 그러나 그것은 아무런 쓸모가 없다. 인정하고 받아들인 뒤, 그 두려움을 마음에서 내보내야 한다. 죽음은 예정되어 있으며 필연적으로 누구에게나 찾아온다. 어쩌면 죽음은 상상만큼 끔찍하지 않을지도 모른다.

01

부자가 되고 싶으면, 부자가 되고 싶다고 끊임없이 생각해야 한다. 사람의 생각은 형태를 가진다. 머릿속에서 일어나는 무형의 반복적인 생각에 실증된 원칙을 적용하면, 그에 상응하는 유형의 무엇인가가 나오기 마련이다.

27

늙음에 대한 두려움은 여러 증상으로 나타나며, 싹이 보이면 즉시 잘라내야 한다. 아직 40대인데도 기력을 잃거나 열등감에 빠진다. 지혜의 나이에 접어든 것을 감사하기보다, 나이를 이유로 자신을 늙었다고 여기며 서러워하는 습관이 생긴다. 이런 습관은 솔선수범하려는 의지와 상상력, 자존감을 갉아먹는다.

02

단순한 희망은 부를 가져다주지 않는다. 부를 가져다주는 것은 부자가 되기 위한 집념에 가까운 열망과 부를 이루기 위한 명확한 계획, 그리고 실패를 무릅쓰고 그 계획을 끝까지 밀어붙이는 끈기다.

26

늙어가는 것에 대한 두려움은 주로 두 가지 근원에서 비롯된다. 첫째, 나이가 들며 가난해질 것이라는 불안이다. 둘째, 무기력과 의존성으로 자유와 독립성을 잃는다는 잔인한 편견이다. 또한 건강을 잃는 것에 대한 두려움도 이런 근본적인 두려움을 키운다.

03

어떤 일이든 반드시 성공하고자 한다면, 배수진을 치고 모든 퇴로를 차단해야 한다. 그렇게 해야만 '불타는 열망'이라는 마음가짐을 유지할 수 있다. 불타는 열망은 성공의 필수 요소다.

25

사랑을 잃는 두려움은 다음과 같은 증상으로 나타난다. 질투, 근거 없는 의심, 흠집 잡기, 도박 탐닉, 불면증과 초조함, 인내심 부족, 의지력 약화, 자기통제와 자존감 감소, 고약한 성질 등이 그 징후이다. 싹이 보이면 미리 경계하고 잘라내야 한다.

04

기회는 기대하던 모습으로, 예상하던 방향에서 찾아오지 않는다. 그것이 바로 기회에 내재한 속임수다. 기회는 뒷문으로 슬쩍 들어오는 음흉한 버릇을 갖고 있으며, 불행이나 일시적 패배의 모습으로 변장하는 때도 많다. 이것이 많은 사람이 주어진 기회를 알아차리지 못하는 이유이다.

24

부의 문을 여는 열쇠는 눈에 보이지 않지만 강력하다. 그것은 마음속에 부를 향한 뚜렷하고 뜨거운 열망을 만드는 힘이다. 이 열쇠를 쓰는 데는 비용이 들지 않지만, 사용하지 않으면 반드시 대가를 치른다. 그 대가는 곧 인생 실격이다.

05

간절히 원하면 갖게 된다. 그러나 실제로 손에 넣기 전까지는 원하는 액수의 돈을 얻은 모습을 마음속에 그리기가 쉽지 않다. 그럴 때 필요한 것이 바로 '불타는 열망'이다. 진정 간절히 열망한다면 그것은 곧 집념이 되고, 집념이 강하면 결국 얻을 수 있다는 신념을 품게 된다.

23

건강을 잃는 것에 대한 두려움은 여러 형태로 드러난다. 부정적 자기암시, 지나친 건강 염려, 운동 기피, 과도한 자기애, 무절제, 그리고 원인을 치유하기보다 고통을 잠시 덮으려는 태도가 그 징후이다. 싹이 보이는 즉시 경계하고 잘라내야 한다.

06

아무리 위대한 사람이라도 시작은 늘 초라했다. '부자 법칙 6단계'는 토머스 A. 에디슨이 신중히 검토하고 확립한 원칙이다. 제강공장의 평범한 노동자였던 앤드루 카네기는 이 원칙을 실천해 마침내 백만장자가 되었다. 비록 시작은 미약할지라도, 끝은 얼마든지 창대해질 수 있다.

22

건강을 잃을지도 모른다는 두려움은 신체적·유전적 특징에 드러난다. 이는 늙음과 죽음에 대한 근원적 두려움과 밀접하다. 질병이 부정적인 생각에서 시작된다는 증거는 많다. 이런 생각은 사람들 사이에서 전해지고 마음속에 굳어질 수 있다.

07

더 새롭고 더 나은 것을 요구하는 세상에서 반드시 갖추어야 하는 세 가지는 명확한 목적의식과 원하는 바에 대한 냉철한 인식, 그리고 성취를 향한 불타는 열망이다.

21

비판에 대한 두려움은 여러 증상으로 나타난다. 자의식 과잉, 침착함의 결여, 우유부단, 열등감과 이를 감추려는 자화자찬, 허례허식, 솔선수범 의지와 야망의 부재가 그 징후이다. 싹이 보이는 즉시 경계하고 잘라내야 한다.

08

부자가 되고 싶다면, 부를 끌어들이는 마음 상태에 이르는 법을 깨닫기 위해 노력해야 한다. 나폴레온 힐은 2만 5천 명이 넘는 사람들의 성공 사례를 분석하며 25년을 보냈다. 그 또한 '부자들이 어떻게 부자가 되었는지'를 알고자 했기 때문이다.

20

비판에 대한 두려움은 솔선수범 의지를 약화하고, 상상력을 파괴하며, 개성을 억누르고, 자신감을 앗아간다. 부모가 자식에게 회복하기 어려운 상처를 남기는 것도 많은 경우 비판을 통해서다. 현명한 고용주는 비판이 아니라 건설적인 제안으로 구성원의 잠재력을 끌어낸다. 이 원리는 부모와 자식 관계에도 그대로 적용된다.

09

인생은 불가사의해 명확히 판단하기 어려울 때가 많다. 성공과 실패는 그저 인생의 한 경험에 지나지 않는다. 경험을 살려 번영을 이루려면, 그것을 철저히 분석해 그 속에서 교훈을 찾아야 한다. 올바른 생각 하나가 때로는 성공을 좌우하는 가장 중요한 조건이 된다.

19

가난에 대한 두려움은 여러 모습으로 드러난다. 싹이 보이는 즉시 경계하고 잘라내야 한다. 야망의 부재, 가난을 받아들이는 태도, 게으름과 자기 통제의 결핍, 우유부단과 변명, 타인의 성공에 대한 시기, 지나친 신중함과 미루는 습관, 그리고 가난을 받아들인 사람들과의 교류가 그 징후다.

10

부가 막 쌓이기 시작할 때는 순식간에 풍요가 몰려올 것이라 착각하기 쉽다. 그러나 그런 일은 일어나지 않는다. 부는 오랜 시간, 끊임없이 노력해야만 축적된다.

18

가난만큼 인간에게 고통과 수치심을 주는 것은 없다. 그 진정한 의미는 가난을 직접 겪은 사람만이 안다. 이 두려움의 근원을 밝히려면 용기가 필요하다. 그리고 그 진실을 받아들이려면 더 큰 용기가 필요하다. 이 두려움은 경제적으로 타인을 먹잇감 삼는 인간의 본성에서 비롯된다. 그렇기에 우리는 호혜의 마음을 길러야 한다.

11

우리는 자기 운명의 주인이자, 자기 영혼의 선장이다. 자기 생각을 통제할 힘이 우리 안에 있기 때문이다. 우리가 살아가는 세상은 상상할 수 없을 만큼 진동하는 거대한 에너지 덩어리이며, 마음속에 품은 생각의 성질에 따라 반응하는 보편적 에너지이기도 하다. 그 에너지는 우리의 생각을 자연스럽게 현실로 바꾸는 힘을 지녔다.

17

가난에 대한 두려움은 마음 상태에 불과하다. 그러나 그 한 가지 두려움만으로도 성공의 기회를 빼앗길 수 있다. 이는 수많은 경제 위기를 통해 입증된 뼈아픈 진실이다. 이 두려움은 이성을 마비시키고 상상력을 파괴한다. 자존감을 무너뜨리고, 열정의 토대를 약화하며, 솔선수범 의욕을 꺾어 버린다. 이런 마음 상태를 계속 유지할 것인가?

12

떡갈나무가 도토리에서 자라나고 하늘을 나는 새가 알 속에서 부화하기를 기다리듯, 사람이 품는 가장 큰 꿈도 잠재의식에서 태동을 시작한다. 꿈은 장차 현실로 자라날 어린나무와 같다.

December

16

부에 대한 열망을 거부하거나 품는 데 실패한다면, 그 대가를 치러야 한다. 그 책임에서 벗어날 길은 오직 하나, 자신의 마음 상태를 다스리는 것이다. 마음의 상태는 스스로 통제할 수 있는 유일한 것이다. 이것은 돈으로 살 수도 없고, 반드시 스스로 만들어야 한다.

13

자신의 열망을 선택하라! 성공하고 싶다면 자기가 열망하는 것이 무엇인지 선택해야 한다. 그리고 모든 에너지와 의지, 노력을 쏟아부어야 한다. 자신의 열망이 삶을 지배하는 집념이 되고, 마침내 현실로 바뀔 때까지 이 과정을 고수해야 한다.

15

가난과 부 사이에는 어떤 타협도 없다. 가난으로 가는 길과 부로 가는 길은 서로 반대 방향을 향한다. 부자가 되고자 한다면, 가난으로 이어지는 모든 상황을 단호히 거부해야 한다. 여기서 말하는 부자는 재정적·영적·정신적 부자 모두를 포함한다. 부자가 되는 길은 다름 아닌 열망에서 시작된다.

14

성공은 자신이 성공할 것이라 믿는 사람에게 찾아온다. 실패는 무의식중에 실패를 예상하는 사람에게 찾아온다. 패배 의식을 버리고, 성공을 확신하는 사고로 전환하기 위해 끊임없이 노력해야 한다.

14

모든 생각은 그 물리적 형태로 변하려는 성질을 지닌다. 이것은 모든 합리적 의심을 넘어선 진실이다. 따라서 두려움이나 가난에 대한 반복된 생각이 용기나 재정적 풍요로 바뀌는 일은 결코 없다.

15

우리는 <u>스스로</u> 이해하지 못하는 것은 믿지 않으려 한다. 반면, <u>스스로</u> 정한 한계는 쉽게 믿어 버린다. 많은 사람이 헨리 포드의 성공을 부러워하며, 그가 특별한 비결로 성공했다고 확신한다. 하지만 그가 실행한 방법은 놀라울 만큼 평범하고 단순했다. 그는 성공 원칙을 이해하고 그대로 실천했을 뿐이다.

13

어떤 이는 운이 따르는 듯 보이고, 또 어떤 이는 그보다 더 큰 능력과 자격, 경험, 지성을 지녔음에도 불행을 피하지 못한다. 그 차이는 마음을 다스릴 줄 아는가에 달려 있다. 인간은 마음을 다스릴 힘을 지녔다. 그 힘으로 마음을 긍정의 기운으로 채울 수도, 부정의 기운으로 물들일 수도 있다.

16

부자가 되려면, 그에 대한 열망을 품고 반드시 이룰 것이라 굳게 믿어야 한다. 늘 돈을 의식하는 사람만이 부를 축적할 수 있다. 돈을 향한 관심을 열망과 융합하고, 스스로 이미 손에 쥐었다고 믿는 마음가짐을 다져야 한다.

12

인간은 반복적으로 마음에 새기지 않은 생각으로는 아무것도 만들어 낼 수 없다. 더 중요한 사실은, 반복된 생각이 자발적이든 아니든 거의 즉시 물리적 현실로 변하기 시작한다는 점이다. 그렇기에 반복된 생각은 재정, 사업, 그리고 사회적 운명을 좌우한다.

17

사람의 마음은 부자가 되고 싶은 열망을 실천으로 이끄는 동시에, 가난한 현실을 빠르게 받아들이게도 한다. 지배적인 생각은 두뇌 속 자석이 되어, 그에 맞는 능력과 사람, 환경을 끌어들인다. 그러므로 파괴적인 생각을 떨쳐내고, 건설적인 생각으로 채우는 노력을 기울여야 한다.

11

두려움은 단지 마음의 상태일 뿐이다. 그리고 마음의 상태는 자신의 통제와 지배 아래에 있다. 잘 알려져 있듯이, 의사들은 일반인보다 질병에 덜 시달린다. 그들이 지닌 면역력은 대체로 두려움을 품지 않는 마음에서 비롯된다.

18

부를 축적하기 위해 가장 먼저 해야 할 일은 자기 마음에 자성을 부여해 부를 향한 강렬한 열망을 끌어당기게 하는 것이다. 돈을 향한 열망이 추진력이 되어 명확한 계획을 세울 때까지 돈에 관한 관심을 놓지 말아야 한다.

10

마음속 세 적의 교활한 습성에 속아 넘어가서는 안 된다. 그들은 종종 잠재의식 속으로 숨어든다. 그래서 쉽게 알아차리기 어렵고, 제거하기도 쉽지 않다.

19

오늘날 몽상가에게 인내와 열린 생각은 필수다. 새로운 아이디어를 두려워한다면, 시작도 하기 전에 이미 결과는 정해진 것이나 다름없다. 지금처럼 개척자에게 호의적인 시대는 없다. 마차가 달리던 시대의 야생지는 사라졌지만, 비즈니스와 금융, 산업의 광활한 세계가 새롭고 더 나은 방식으로 다시 태어나기를 기다리고 있지 않은가?

09

성공 철학을 실천하기 전에, 먼저 마음이 그것을 받아들일 준비가 되어야 한다. 그 준비는 어렵지 않다. 마음속의 세 가지 적을 이해하고, 의식적으로 몰아내면 된다. 그 세 적은 '우유부단', '의심', 그리고 '두려움'이다.

20

부자가 되려면, 몽상가를 조롱하는 외부의 영향력을 허용해서는 안 된다. 급변하는 세상에서 더 큰 부를 얻으려면, 위대한 개척자들에게서 영감을 얻어야 한다. 문명 세계에 가치 있는 모든 것의 출발점이었던 꿈과 재능을 계발하고 교류하도록 기회의 장을 연 그들의 정신을 붙잡아야 한다. 성공 앞에 사죄는 필요 없으며, 실패에는 변명이 통하지 않는다.

08

가난의 두려움, 비판의 두려움, 건강을 잃는 두려움, 사랑을 잃는 두려움, 늙어가는 두려움, 그리고 죽음의 두려움은 실체 없는 상상의 유령일 뿐임을 잊지 말라.

21

자신이 하고자 하는 것이 정당하다고 믿는다면, 개의치 말고 실천하라! 꿈을 현실로 만드는 과정에서 한순간 실패를 경험하더라도 다른 사람들이 하는 말에 일일이 귀 기울일 필요는 없다. 모든 실패는 그에 버금가는 성공의 씨앗을 품는다는 사실을, 그들은 모를 뿐이다.

07

모든 성취의 출발점은 열망이다. 그 도착점은 이해로 이끄는 지식이다. 여기서 이해란 자아를 알고, 타인을 헤아리며, 자연의 법칙을 깨닫고, 행복의 본질을 인식하는 일이다. 이러한 이해는 직감의 원리를 익히고 그것을 실천할 때 비로소 완성된다.

22

신념에 근거한 열망의 힘은 강하다. 그 힘은 밑바닥에서 시작한 사람에게 부와 권력을 안겨주고 질병을 앓는 사람에게 건강을 되찾게 하며, 절망에 빠진 이를 다시 일어서도록 돕는다. 자연의 섭리는 정신적 화학작용의 신비하고도 강력한 원리가 무엇인지 밝히지 않았다. 하지만 그것을 통해 불가능이란 말을 인정하지 않고, 실패한 현실을 받아들이지 않도록 이끈다.

06

직감은 자기 의지대로 벗고 입을 수 있는 옷이 아니다. 이 막강한 힘을 다루는 능력은 지금까지 배운 성공의 원칙을 꾸준히 적용하면서 서서히 길러진다. 직감은 수년간의 명상과 자아 성찰, 깊은 사색 없이는 성숙하지도 유용한 힘이 되지도 않는다. 그 이유는 직감이 영적인 힘과 밀접하게 연결되어 있기 때문이다.

23

불타는 열망이 현실의 구체적인 성과로 변환된다는 원리는 쉽게 받아들이기 어려울지도 모른다. 그러나 마음은 기묘하면서도 설명하기 힘든 힘을 지니고 있다. 우리의 마음은 주변의 상황과 사람, 사물을 활용하여 열망을 현실의 성과로 바꾼다. 굳이 이해하려 애쓸 필요는 없다. 그냥 받아들이면 직접 체험하게 될 진리다.

05

인간은 때로 물리적 감각 기관이 아닌 다른 경로를 통해서도 정확한 정보를 받아들인다. 이러한 정보는 대개 마음이 특별한 자극을 받을 때 전달된다. 감정을 일으키고 심장을 평소보다 빠르게 뛰게 만드는 비상 상황에서, 직감은 곧 행동으로 이어진다.

24

신체적 장애는 때로 의미 있는 목표를 향해 나아가도록 이끄는 디딤돌이 될 수 있다. 불멸의 사상가 에머슨(Emerson)은 말했다. "세상의 모든 것은 결국 우리에게 신념을 가르쳐 준다. 우리는 그저 따르기만 하면 된다. 누구에게나 가야 할 길을 알려주는 길잡이가 있으며, 자신을 낮추고 귀 기울일 때 올바른 말을 들을 수 있다." 그 올바른 말이란 바로 열망이다.

04

자연은 정해진 법칙에서 벗어나지 않는다. 하지만 때로는 이해하기 어려운, 기적처럼 보이는 결과를 만들어 낸다. 직감은 인간의 능력 중 가장 기적에 가깝다. 그것이 어떻게 작동하는지 알 수 없기에 더욱더 그렇다.

25

마음속에서 희망과 신념, 용기와 인내의 불꽃이 다시 타오르게 하라. 그 불꽃을 간직하고 성공의 원칙을 숙지한다면, 다른 모든 것은 자연스럽게 뒤따를 것이다. 에머슨은 이렇게 말했다. "인생에 필요한 조언과 도움은 분명 쉽게 눈에 띄지 않을 것이다. 그러나 간절히 바라면, 결국 내 곁으로 와 넓은 가슴을 열어줄 것이다."

03

직감은 위험이 다가올 때 피하라고 알려주고, 좋은 기회가 왔을 때 잡으라고 말해준다. 중요한 결정을 내려야 하는 순간마다 직감은 지혜의 문을 활짝 열어주는 수호천사가 되어줄 것이다.

26

무언가를 바란다고 해서, 그것을 받아들일 준비가 된 것은 아니다. 진정한 준비란 단순히 희망하는 것이 아니라, 반드시 얻을 수 있다고 믿는 것이다. 그런 신념을 가지려면 열린 사고가 필요하다. 폐쇄적인 마음에서는 믿음도 용기도 자라지 않는다. 풍요를 향한 노력은 빈곤을 받아들이는 노력보다 결코 더 크지 않다.

02

직감을 이해하려면, 먼저 명상을 통해 마음을 닦아야 한다. 직감은 인간의 제한된 마음과 신성한 지혜를 이어주는 유일한 통로일지도 모른다. 그 안에는 정신적인 면과 영적인 면이 함께 깃들어 있다. 개인의 마음이 우주의 마음과 맞닿는 지점, 그곳이 바로 직감이다.

27

오늘날, 이 세상은 과거의 몽상가들이 상상조차 하지 못했던 수많은 기회로 가득하다. 되고자 하거나 하고자 하는 불타는 열망을 품어야 몽상가가 될 수 있다. 아무 생각 없이 게으른 사람, 열망이 없는 사람은 결코 꿈꿀 수 없다. 진정한 몽상가는 자신을 비현실적이라 여기지 않는다.

01

직감은 창의적 상상력이라고 불리는 잠재의식의 일부다. 또한 아이디어나 계획, 마음속에서 섬광처럼 스치는 생각을 받아들이는 수신기 역할을 한다. 여기에서 말하는 섬광은 때에 따라 예감이나 영감이라고 불리기도 한다.

28

격변하는 시대에서, 삶은 때로 패배의 고통을 안겨주기 마련이다. 달리다 보면 넘어질 수도 있다. 좌절하지 말라. 영혼과 마음의 원석은 그런 경험으로 단련되는 법이다. 그것은 비할 데 없는 가치를 지닌 자산이다.

December

12

Guide to Success

Napoleon Hill

29

성공한 사람들도 살아가며 순탄치 않은 시기를 겪었다는 사실을 기억하라. 많은 이가 위기의 순간에 좌절하지만, 성공한 사람들은 그 속에서 새로운 자신을 발견하며 인생의 전환점을 맞이했다. 위대한 작가 오 헨리(O. Henry) 역시 불행 끝에 교도소에 갇히는 시련 속에서 내면의 천재성을 깨달았다.

30

인간은 무형의 것 중 가장 위대한 힘, 즉 '생각'의 본질을 거의 이해하지 못한다. 또한 생각을 물질적 성과로 바꾸는 복잡한 두뇌 네트워크에 대해서도 제대로 알지 못한다. 그 네트워크가 단지 육체의 성장과 유지만을 위해 존재한다고 생각하는 것은 옳지 않다. 오히려 이 네트워크는 다른 무형의 힘과 소통할 수단을 제공한다고 보는 편이 타당하다.

인간의 삶은 때로 이해할 수 없을 만큼 기이하게 펼쳐진다. 성공과 실패는 모두 단순한 경험에서 비롯된다. 그 경험을 성공으로 바꾸려면, 철저히 분석하고 교훈을 얻는 과정을 거쳐야 한다.

29

인류는 우주에 존재하는 무형의 힘을 통제하거나 거역할 수 없다. 우리를 지구에 잡아두고 살아가게 하는 중력조차 인간의 힘으로는 제어할 수 없다. 자연의 섭리도 마찬가지다. 그러므로 우리는 이 힘들을 이해하고 중시하며 살아가야 한다.

31

인간의 행동은 마음속에 자리한 지배적인 생각과 항상 조화를 이루는 법이다. 의도적으로 목표를 마음속에 새기고 그 목표를 이루겠다는 의지를 굳게 먹으면, 목표는 잠재의식 전체로 배어들며 자연스럽게 행동에도 영향을 미친다.

28

우리는 지금, 우리를 둘러싼 무형의 힘을 배울 수 있는 놀라운 시대에 살고 있다. 인간은 오감으로 인지할 수 없는 무형의 것을 종종 간과하곤 한다. 그러나 그럴 때마다 스스로 상기해야 한다. 우리는 보이지 않는 무형의 힘에 통제되고 있음을.

February

2

Guide to Success

Napoleon Hill

27

잠재의식은 두뇌에서 생각의 진동을 신호로 바꿔 외부로 송출하는 방송국이다. 창의적 상상력은 주변 공기를 매개로 그 진동을 받아들이는 수신국이다.

01

신념만으로 부자가 될 수는 없지만, 신념 없이 부를 이룬 사람은 세상 어디에도 없다. 신념은 마음의 주치의다. 신념이 생각의 진동과 혼합되면, 잠재의식은 즉각적으로 그 진동을 포착하여 영적 차원의 대체물로 변환한다.

26

성욕은 인간의 감정 중에서 가장 강렬하고 추진력 있다. 성욕으로 자극받은 인간의 두뇌는 가장 빠르게 진동한다. 성욕을 긍정적 에너지로 변환하면, 생각의 진동 속도는 창의적 상상력이 기꺼이 받아들일 수 있을 만큼 빠르게 증가한다.

02

이 세상에서 영구적으로 힘을 발휘하는 가장 강력한 힘은 신념이다. 자연의 가장 놀라운 기적들도, 결국 이 신념에서 비롯된다고 보는 것이 옳다. 신념의 힘이 어디까지 미치는지, 그 한계를 단정할 수 있는 사람은 없다.

25

생각은 빠른 속도로 파동을 일으키는 에너지다. 긍정적이든 부정적이든 강한 감정이 실린 생각은 보통의 생각보다 훨씬 강하고 빠른 파장을 만들어 낸다. 이렇게 증폭된 생각은 두뇌라는 매개를 거쳐 사람들 사이를 오간다.

03

긍정적 감정 중에서도 신념, 사랑, 성적 감정은 가장 강력하다. 이 세 가지 감정이 결합하는 순간, 생각의 진동은 잠재의식을 즉각 영적 차원의 대체물로 바꾼다. 즉, 잠재의식이 신성의 지혜로부터 응답을 얻을 수 있는 유일한 통로가 된다.

24

창의적 상상력은 다른 사람의 두뇌에서 방출된 생각을 받아들이는 두뇌의 수신국과도 같다. 또한 이것은 한 사람의 의식이나 이성, 마음, 그리고 자극의 원천이 서로 소통할 수 있게 하는 수단이다.

04

사랑과 신념은 인간의 영적 측면에 연관된 초자연적인 감정이다. 성적 감정은 오로지 생리적인 것이며, 물리적 측면과 연결된다. 이 세 가지 감정을 혼합하거나 융합할 때, 인간의 유한한 사고력과 무한한 지혜 사이에 직접적인 의사소통의 길이 열린다.

23

인간의 두뇌는 라디오 방송국의 작동 원리와 비슷하게, 공기를 매개로 다른 사람의 두뇌에서 방출된 생각의 파동을 포착한다.

05

신념은 잠재의식에 반복적으로 주입된 생각에서 비롯된다. 이는 자기암시의 원리와 같다. 잠재의식에 명령이나 확신을 되새기면, 그것이 신념으로 자리 잡아 행동으로 이어진다. 결국 잠재의식에 각인된 생각은 현실 속에서 구체적인 결과로 나타난다.

22

잠재의식은 열망을 신성의 지혜가 인식할 수 있는 형태로 바꾸어 메시지를 전달하는 매개체다. 그리고 그에 응답하여, 명확한 계획이나 아이디어를 떠올려 목적을 이루게 한다.

06

감정이 담긴 생각, 즉 느낌을 동반한 생각이 신념과 어우러질 때, 그 생각은 결국 현실에서 구체적인 결과나 변화로 이어진다. 감정은 생각에 활력과 생명력을 불어넣고, 행동을 끌어낼 힘이 된다. 신념, 사랑, 성적 감정이 함께 작용하면, 어떤 한 가지 감정만으로는 끌어낼 수 없는 더 큰 행동과 성과가 나타난다.

21

신성의 지혜와 소통하는 방법은 소리의 진동이 라디오를 통해 전달되는 원리와 비슷하다. 방송국은 평범한 소리를 포착해 그것을 수백만 배 더 높은 진동으로 변환하여 전파를 송출한다. 마찬가지로 평범한 마음으로는 신성의 지혜에 도달할 수 없다. 열망으로 증폭해야만 소통할 수 있다.

07

불행을 일으키는 것은 결국 자기 자신이다. 잠재의식은 긍정적이고 건설적인 생각을 반복할 때도, 부정적이고 파괴적인 생각을 반복할 때도 똑같이 현실의 결과를 바꾼다. 수많은 사람이 가난이나 실패를 운명으로 받아들이는 까닭은 스스로 아무런 통제력을 가질 수 없다고 믿어, 기이한 힘을 작용하도록 하기 때문이다.

20

인간의 유한한 마음과 신성의 지혜 사이에 돈을 내야 하는 요금소 따위는 없다. 신성의 지혜와 의사소통하는 데 필요한 것은 인내와 신념, 끈기, 이해 그리고 의사소통하고자 하는 진정한 열망뿐이다.

08

자신이 원하는 것을 이미 이룬 사람처럼 행동해야 한다. 생각이 현실이 될 것이라는 믿음과, 그것을 이루고자 하는 열망이 잠재의식에 전해지면 확실한 변화가 일어난다. 믿음과 신념은 잠재의식이 실제 행동을 끌어내는 핵심이다. 자기암시로 잠재의식에 명령을 전하면, 예상보다 쉽게 원하는 결과에 다다를 수 있다.

19

기도에 과학적 힘이 있다고 믿어라. 그러면 더는 의심이나 두려움이 끼어들지 않고, 무관심이나 미신도 사라질 것이다. 그리하여 진실한 감정으로 신성에 다가가게 되고, 결국 신성의 지혜를 얻게 될 것이다. 이미 그런 축복을 누린 사람이 적지 않다는 사실을 잊지 말라.

09

신념을 잠재의식에 반복해서 주입하면, 언젠가 그 신념이 내 마음의 일부
가 된다. 마음은 반복적으로 떠오르는 생각의 영향을 크게 받기 때문이
다. 그래서 항상 긍정적인 감정이 마음을 지배하게 만들고, 부정적인 감정
은 빠르게 차단하거나 버리는 습관이 필요하다.

18

때로는 기도가 실현되기도 한다. 만약 단 한 번이라도 기도에 대한 응답을 받은 적이 있다면, 그 순간의 마음 상태를 떠올려 보라. 그러면 신성의 지혜가 단순한 이론이 아님을 확신하게 될 것이다.

10

긍정적인 감정에 지배된 마음은 신념이라는 마음의 상태가 자리 잡을 안식처가 된다. 감정의 지배를 받는 마음은 잠재의식에 자유로이 명령을 전달할 수 있고, 잠재의식은 즉각적으로 그것을 받아들여 행동으로 옮기기 마련이다.

17

의식 속에 자리 잡은 단 하나의 부정적 생각만으로도 잠재의식의 건설적 힘을 사용할 기회는 사라질 수 있다. 많은 사람은 다른 모든 방법이 실패로 돌아간 뒤에야, 두려움과 의혹이 가득 찬 마음으로 기도에 의지한다. 그러나 그런 마음으로 드린 기도에 신성의 지혜는 응답하지 않는다.

11

부자가 되고 싶다면 부자가 될 수 있다고 믿어야 한다. 신념은 자기암시로 유도된 마음의 상태다. 신념은 그것이 존재하지 않는 곳에서 자라날 수 있다. 부자가 될 수 있다는 신념을 강화하라.

16

마음을 긍정적인 감정으로 가득 채울 책임은 전적으로 자기 자신에게 있다. 그 힘은 습관의 법칙에서 나온다. 꾸준히 긍정적 감정을 불러일으키고 활용하는 습관을 들이면, 결국 마음은 긍정으로 충만해지고 부정적 감정은 설 자리를 잃는다.

12

사람은 반복해서 주입된 것을 결국 믿게 된다. 그래서 거짓도 계속 반복되면 진실처럼 여기게 된다. 우리는 스스로 마음에 자리 잡도록 허락한 지배적인 생각에 따라 살아간다. 의도적으로 마음에 심은 생각은 감정과 섞여, 결국 우리의 행동과 선택을 이끄는 힘이 된다.

15

다음 일곱 가지 부정적 감정에 주의하라.

'두려움, 질투, 미움, 복수심, 탐욕, 미신, 분노.'

긍정적인 감정과 부정적인 감정은 마음속에 함께 머물 수 없다. 반드시 어느 한쪽이 지배한다. 마음을 부정적 감정으로 채운다면, 재정적 열망은 힘을 잃고 만다.

13

감정이 담긴 생각은 자성을 지녀, 주변에서 비슷한 생각을 끌어들인다. 그런 생각은 마치 씨앗처럼, 비옥한 토양에 뿌려지면 싹을 틔우고 끝없이 자라난다. 작은 씨앗 하나가 결국 커다란 나무로 성장하고, 다시 수많은 씨앗을 세상에 퍼뜨리는 법이다.

14

다음 일곱 가지 긍정적 감정에 집중하자.

'열망, 신념, 애정, 성욕, 열정, 로맨스, 희망.'

이것들은 가장 강력한 감정이며, 창의적 상상력에서 가장 흔히 활용된다.

이러한 감정에 숙달하면 다른 긍정적인 감정들도 필요할 때 언제든 활용할 수 있다.

14

우리는 영원히 진동하는 힘에 둘러싸여 있다. 두려움·가난·질병·실패·절망 같은 파괴적 진동과 번영·건강·성공·행복 같은 건설적 진동이 공존한다. 우리의 마음은 자기 생각과 조화를 이루는 진동을 끌어들인다. 나는 지금 어떤 진동을 받아들이고 있을까?

13

금전적으로 성취하려면, 내면의 청중인 잠재의식에 영향을 미칠 뿐 아니라 그것을 통제할 수 있어야 한다. 그래야 돈에 대한 열망을 잠재의식에 온전히 전달할 수 있다. 따라서 우리는 잠재의식에 접근하고, 그것과 소통하는 방법을 반드시 이해해야 한다. 잠재의식은 이성의 언어가 아니라 감정과 느낌의 언어를 가장 잘 알아듣는다.

15

출발점으로 돌아가, 목적을 이루려는 의지의 씨앗이 우리 마음에 어떻게 뿌리내리는지 들여다보자. 특정한 생각을 반복하면 그것은 마음속에 자리 잡는다. 그래서 명확한 목적을 마음에 새기고 매일 글로 쓰며 소리 내어 되뇌어야 한다. 그래야만 그것이 잠재의식에 도달할 수 있다.

12

부정적인 감정은 저절로 반복적 사고 속으로 파고들어, 잠재의식에 닿는 통행권을 얻는다. 이를 막으려면 자기암시의 원리를 활용하여 긍정적인 감정을 반복적 사고 속에 주입해 잠재의식에 전달해야 한다.

16

자신감은 생각을 조금만 바꿔도 얻을 수 있다. 불행한 환경을 떨쳐내고 삶에 질서를 세우겠다고 결심하라. 자신을 돌아볼 때, 가장 큰 약점이 '자신감 부족'임을 깨닫게 된다. 하지만 자기암시의 원리로 이 약점을 극복하고, 소심함을 용기로 바꿀 수 있다. 긍정적인 생각을 글로 쓰고 암기하는 것, 그것이 바로 실천 방법이다.

11

잠재의식은 단순히 이성적인 생각보다, 느낌이나 감정이 섞인 반복적인 생각에 더 강하게 반응한다. 감정이 결합한 생각만이 잠재의식에 깊이 새겨져, 행동으로 이어진다. 실제로 이를 뒷받침하는 증거는 무수히 많다. 인간 대부분은 감정의 지배를 받으며 살아간다. 그러므로 감정을 잘 이해하고 다룰 수 있어야 한다.

17

자신감 충전 공식, 하나! 나는 내 인생의 명확한 목적에 따라 어떤 목표든 달성할 능력을 지니고 있다. 그러므로 목표 달성을 위해 꾸준히 노력하고 행동하겠다고, 바로 지금 이 자리에서 다짐한다.

....

....

....

....

....

....

....

....

....

10

미국의 시인 엘라 휠러 윌콕스는 잠재의식의 힘을 시로 이렇게 표현했다. 생각이 무엇을 불러올지는 아무도 알 수 없다. / 그것이 미움일지, 사랑일지. / 생각은 곧 현실이 되며, 전령 비둘기보다 빠르게 날갯짓한다. / 생각은 같은 성향의 것을 끌어당기는 우주의 법칙을 따른다. / 그리고 지나온 길을 쏜살같이 되돌아가, 마음에서 흘려보낸 모든 것을 되돌려준다.

18

자신감 충전 공식, 둘! 나는 내 마음을 지배하는 생각이 행동하도록 하고, 그 행동이 현실이 된다는 사실을 믿는다. 그래서 나는 매일 30분, 내가 되고 싶은 모습을 떠올리며 집중할 것이다. 그렇게 나는 마음속에 그 모습을 뚜렷하게 새겨낼 것이다.

09

의도적으로 잠재의식에 심은 모든 반복적 생각은 반드시 상상력을 거쳐 신념과 결합해야만 비로소 물리적 대체물로 변환한다. 신념과 계획, 그리고 목적은 상상력을 통해서만 서로 혼합되어 잠재의식에 전달될 수 있다. 잠재의식을 의도적으로 활용하려면 모든 부자의 법칙을 조화롭게 실천해야 한다.

19

자신감 충전 공식, 셋! 나는 내 마음에 오래 간직한 생각이 자기암시의 원리로, 결국 실질적인 방법을 끌어내어 목적을 달성하게 해준다는 사실을 알고 있다. 그러므로 나는 매일 10분, 자신감 충전 과업을 꾸준히 실천할 것이다.

08

인간은 반복적인 생각에서 모든 창조를 시작한다. 아무것도 생각하지 않는다면, 어떤 것도 만들어 낼 수 없다. 상상력을 더하면, 반복된 생각은 구체적인 계획으로 발전한다. 환경을 통제할 수 있다면, 상상력을 활용해 계획과 목적을 세우고 원하는 분야에서 성공을 끌어낼 수 있다.

20

자신감 충전 공식, 넷! 내 인생의 중점 목표를 명확히 정해 글로 써 둔다. 그 목표를 달성하기 위한 자신감이 충분히 생길 때까지 결코 노력을 중단하지 않을 것이다.

07

잠재의식은 나태하게 멈춰 있지 않는다. 잠재의식에 열망을 심어주지 않으면, 무관심 속에 생겨난 생각을 끌어들일 것이다. 어떤 생각이든 끊임없이 잠재의식에 스며든다. 그러므로 계속해서 긍정적으로 생각하는 습관을 길러야 한다.

21

자신감 충전 공식, 다섯! 진실과 정의에 기반하지 않은 부와 지위는 오래 가지 못한다. 나는 관련된 모든 이에게 혜택이 돌아가도록 일하겠다. 다른 사람들과 협력하고 기꺼이 그들을 섬길 것이며, 그들의 신뢰를 얻을 것이다. 나는 인간애로 미움, 시기, 질투, 이기심, 냉소를 떨쳐낼 것이다.

06

우리가 의식적으로 통제하려 하지 않아도 잠재의식은 끊임없이 작동한다. 그러므로 두려움이나 결핍 의식 같은 부정적 사고가 잠재의식을 자극하곤 한다. 따라서 반복되는 생각을 스스로 다스리며, 더 긍정적인 자극을 꾸준히 심어주어야 한다.

22

잠재의식은 화학 실험처럼 마음속에 반복해서 떠오르는 생각을 결합하여 물리적 대체물로 바꾼다. 그러나 건설적인 생각과 파괴적인 생각을 구분하지 않고, 그저 생각이 내놓는 재료만 이용한다. 잠재의식은 용기나 신념에 근거한 생각뿐만 아니라, 두려움에 근거한 생각도 현실에서 벌어지도록 한다. 생각이 현실을 바꾼다는 진리를 잊지 말자.

05

잠재의식이 매개체가 되어 열망을 물리적·금전적 대체물로 변환할 수 있다는 사실을 이해하면, 부자 법칙 6단계가 중요하다는 사실에 온전히 공감하게 될 것이다. 열망을 명확히 규정하고 글로 기록해 두어야 한다고 반복해서 권고하는 이유와 그것을 실천하는 데 인내가 필요한 이유도 분명히 이해하게 될 것이다.

23

자신을 뛰어난 사람이라 생각하면 뛰어난 사람이 된다. 용기 없는 자라 생각하면 용기 없는 자가 된다. 패배자라 생각하면 패배자가 된다. 승리할 수 없다고 믿는다면, 결코 승리할 수 없다. 성공은 언제나 의지에서 출발한다. 모든 것은 마음에 달려 있다. 성공하려면 높이 생각하고, 무엇보다 자신을 믿어야 한다.

04

창의적 상상력이 잠재의식과 연결되면, 그 잠재의식의 힘은 헤아리기 어려울 만큼 커지고 때로는 경외감을 불러일으킨다. 잠재의식이 인간의 마음과 신성의 지혜를 이어주는 매개체라는 사실이 이를 이해하는 열쇠가 된다.

24

신념은 반복해 떠오르는 생각에 생기와 활력을 불어넣어 행동하도록 이끄는 불멸의 묘약이다. 그것은 부를 축적하는 출발점이며, 과학으로 설명할 수 없는 미스터리와 기적의 근원이다. 신념은 실패를 떨쳐낼 유일한 해결책이자, 신성의 지혜가 가진 힘을 인간이 활용하도록 돕는 매개체다.

03

항상 잠재의식을 통제할 수는 없다. 그러나 변환하고자 하는 확고한 계획이나 열망, 혹은 목적을 의도적으로 잠재의식에 내맡길 수는 있다. 잠재의식이 인간의 유한한 마음과 신성의 지혜를 이어주는 연결고리라는 믿음만 잃지 않으면 된다.

25

누구나 머릿속에 아직 깨어나지 않은 성공의 씨앗을 지니고 있다. 그 씨앗이 잠에서 깨어나 활동을 시작하면, 상상도 못 했던 놀라운 성과로 이끌 것이다. 내면에 잠든 그 씨앗을 깨워 더 높은 목표를 향해 끊임없이 도전할 수 있다. 이러한 가능성을 의식적으로 받아들이고, 적극적으로 실천하라.

02

잠재의식은 신념과 같은 감정이 담긴 지배적 열망에 가장 먼저 반응한다. 또한, 밤낮을 가리지 않고 작동한다. 잠재의식은 열망을 구체적인 결과물로 바꾸는 과정에서 신성의 지혜에 깃든 힘을 활용하며, 언제나 가장 현실적인 매개체를 활용하여 목적을 달성한다.

26

사랑의 감정은 신념이라고 말하는 마음의 상태와 매우 흡사하다. 사랑의 감정도 반복해 떠오르는 생각을 영적 차원의 대체물로 바꾸는 방식으로 작용한다. 사랑의 감정은 이 세상에 퍼져 있는 더 높고 섬세한 진동을 끌어들이는 우호적인 자성을 만들어 낸다.

01

잠재의식은 '의식의 필드'로 이루어져 있다. 의식의 필드란 오감을 통해 반복적으로 마음속에 들어온 사고들이 분류되고 기록되는 곳이다. 이곳은 마치 캐비닛에서 문서를 꺼내듯 필요할 때 생각을 불러내는 저장소다. 결국, 잠재의식은 모든 생각의 저장소가 된다.

27

기적이라 부르는 그리스도의 가르침과 성취의 본질은 다른 무엇도 아닌 신념이다. 세상에 존재하는 기적은 모두 신념에서 태어난다. 간디는 재력이나 군사력, 외부의 지원 없이도 누구보다 큰 잠재적 영향력을 드러냈다. 신념의 힘으로, 막강한 군대조차 이룰 수 없던 목적을 달성했다.

November

11

Guide to Success

Napoleon Hill

28

부자가 되는 길은 부자가 되겠다는 생각에서 시작된다. 부는 생각한 대로 실천한 만큼 실현되고, 신념은 한계를 뛰어넘게 하는 힘이다. 인생의 중요한 순간마다 이 진리를 기억하라. 마음속 한계란 결국 스스로 정한 것에 불과하다. 가난도, 부도, 모두 생각의 산물이다.

31

천재가 되는 길은 자발적인 노력 외에는 없다. 그러나 성 에너지의 추진력은 재정적·사업적 성취를 이룰 수 있게 한다. 특히 사랑의 감정은 인생에서 가장 위대한 경험으로, 예술적·심미적 본성을 불러내고 신성의 지혜와 교감하게 한다. 사랑의 감정은 창의적 상상력의 정점에 이르게 하며, 결국 천재를 만들어 내는 힘이 된다.

March

3

Guide to Success

Napoleon Hill

30

성적 표현에 대한 열망은 인간의 감정 가운데 가장 강력하고 충동적이다. 이 감정을 제대로 활용해 육체적 욕구를 넘어 다른 행동으로 전환할 수 있다면, 천재의 경지에 이르는 강력한 원동력이 된다.

01

자기암시는 오감을 통해 마음에 전하는 암시이자 스스로 만드는 자극제다. 또한, 생각이나 잠재의식을 행동으로 드러나게 하는 매개체다. 자기암시에 지배된 생각은 저절로 잠재의식에 닿아 영향력을 행사한다.

29

마음은 지배적인 생각에 따라 형성되는 습관의 산물이다. 의지력을 사용하면 감정을 조절할 수 있다. 마음을 의지로 다스리는 일은 어렵지 않다. 그 핵심은 성 에너지의 전환 과정에 있다. 부정적 생각조차 이 과정을 거치면 긍정적이고 건설적인 감정으로 바꿀 수 있다.

02

긍정적이든 부정적이든, 생각은 자기암시 없이는 잠재의식에 자리 잡지 않는다. 오감을 통해 들어온 감각 정보는 먼저 의식적으로 판단한 뒤, 잠재의식에 전달되거나 거부된다. 성공을 결심하는 것은 오직 자신만이 선택할 수 있는 일이다.

28

성적 에너지는 천재들이 활용하는 창의적 에너지다. 위대한 리더나 건축가, 예술가 가운데 이런 성적 에너지가 부족했던 사람은 단 한 명도 없었고 앞으로도 없을 것이다. 물론 성욕이 강하다고 해서 모두가 천재가 되는 것은 아니다. 마음을 자극해 창의적 상상력을 활용할 수 있을 때, 비로소 천재의 경지에 도달한다.

03

인간은 오감을 통해 잠재의식에 전달되는 모든 정보를 절대적으로 지배할 힘을 가지고 있다. 그러나 그 힘을 깨닫고 활용하는 이는 극소수에 불과하다. 대부분은 그 사실조차 모른 채 평생을 살아간다. 그런 이유로 수많은 사람이 원인조차 모른 채 가난 속에 머문다.

October

27

술과 마약이 두뇌를 비롯한 신체 주요 기관을 파괴한다는 사실은 누구나 안다. 그러나 성에 대한 지나친 탐닉도 마약이나 술만큼이나 파괴적이며, 창의적 상상력을 무너뜨리는 해로운 습관이라는 사실은 잘 알려지지 않았다.

04

잠재의식은 씨앗을 심지 않으면 잡초만 자라나는 비옥한 땅과 같다. 자기암시는 그 땅에 창의적인 생각의 씨앗을 심게도 하고, 반대로 파괴적인 생각이 자리 잡도록 내버려두기도 하는 통제의 매개체다.

26

사람의 마음은 자극에 반응한다. 그중에서도 가장 강력한 자극은 성적 욕구다. 이것을 제대로 변환해 활용한다면, 평범한 사고에서 비롯되는 근심과 불안을 정복하고 더 높은 차원의 사고 활동으로 끌어올리는 원동력으로 삼을 수 있다.

05

돈에 대한 '부자 성명서'를 작성하라. 그것을 하루 두 번 큰 소리로 읽고, 이미 그 돈을 가진 모습을 상상하라. 그러면 목표에 대한 절대적 신념이 잠재의식에 깊게 각인된다. 이 과정을 반복하면, 열망을 부로 바꾸는 생각의 습관이 형성된다.

25

무절제한 성적 습관은 무절제한 음주와 식생활만큼이나 해롭다. 그런 습관은 창의적 상상력을 해치며, 결국 그 힘을 온전히 활용할 수 없게 한다.

06

'부자 성명서'를 소리 내어 읽을 때, 감정 없이 글자만 따라 읽으면 좋은 결과를 기대할 수 없다. 잠재의식은 감정이 실린 생각만을 받아들이고 행동으로 옮긴다. 많은 이가 자기암시로 원하는 결과를 얻지 못하는 이유도 여기에 있다. 감정 없는 말은 잠재의식에 힘을 미치지 못한다.

October

24

창의적 상상력이 존재한다는 사실을 보여주는 증거는 아주 많다. 정식 교육을 받지 않고도 리더의 자리에 오른 사람들이 그 대표적 예다. 이런 사례는 어디서든 쉽게 찾아볼 수 있다.

07

감정을 통제하려는 첫 시도가 실패했더라도 의기소침할 필요는 없다. 세상에 거저 얻어지는 것은 없다. 잠재의식을 통제할 능력을 얻으려면 대가를 치러야 한다. 얄팍한 속임수로는 불가능하다. 그 대가는 '부의 법칙'을 끊임없이 실천하는 끈기다. 그보다 값싸게 원하는 능력을 얻을 수는 없다.

23

과학적 발명가나 천재는 먼저 추리 능력을 활용해 경험에서 얻은 아이디어나 원리들을 체계적으로 조합하며 발명의 첫 단계를 시작한다. 하지만 그것만으로 부족할 때는 창의적 상상력을 동원한다. 창의적 상상력은 개인의 경험을 넘어선 더 깊은 지식의 원천에 닿을 수 있도록 한다.

08

지혜와 영리함만으로는 부를 얻을 수 없다. 부를 얻기 위한 정해진 법칙은 없으며, 특정인에게만 유리하지도 않다. 이는 누구에게나 똑같이 적용된다. 실패했다면 그것은 개인의 실패일 뿐, 방법이 잘못된 것은 아니다. 노력했지만 실패했다면 다시 시도하라. 그리고 성공할 때까지 더욱 더 노력하라.

22

추리 능력을 사용할 때는 대개 개인이 쌓은 경험에 의존하기 때문에 자주 오류를 범하게 된다. 경험으로 쌓은 지식이 모두 정확한 것은 아니다. 창의적 능력으로 유입된 아이디어가 훨씬 더 신뢰할 만하다. 그것은 추리 능력보다 훨씬 더 믿을 만한 원천에서 비롯되기 때문이다.

09

부자 법칙 6단계를 되짚어 보자. 1단계는 '스스로 열망하는 금액을 정확히 정하는 것'이다. 여기에 집중의 원리를 적용해야 한다. 눈을 감고 그 액수를 머릿속에 그려보라. 실제로 그 돈이 눈앞에 있는 듯 느껴질 때까지, 완전히 집중하라. 그리고 이 과정을 하루에 한 번 반드시 실천하라.

21

창의적 능력을 활용하여 200개가 넘는 유용한 특허를 출원한 엘머 게이츠의 실험실에는 '마음과 소통하는 방'이라는 공간이 마련되어 있었다. 게이츠는 창의적 상상력을 발휘하고 싶을 때마다 이 공간에 들어가 자신이 아는 사실에 집중하며, 새로운 사실과 연결된 아이디어가 섬광처럼 떠오를 때까지 머무르곤 했다.

10

잠재의식에 목표를 뚜렷하게 새기는 심리학적 원리가 바로 자기암시다. 자기암시의 힘을 실천하려면, 스스로 세운 열망이 강렬한 집념이 될 때까지 집중할 수 있어야 한다. 그에 따라 자기암시의 효과도 달라진다.

20

한 웅변가는 두 눈을 감고 온전히 자신의 창의적 상상력에 의존하며 인정받기 시작했다. 그는 웅변의 정점에 이를 때 항상 두 눈을 감았는데, 그 이유를 이렇게 밝혔다. "눈을 감으면 내면에서 떠오르는 아이디어를 연설에 쏟아낼 수 있기 때문입니다."

11

잠재의식은 절대적 신념에서 나온 명령을 모두 받아들이고 행동하도록 이끈다. 이 원리를 활용해 잠재의식에 작은 '속임수'를 써보자. 자신이 원하는 액수의 돈을 반드시 손에 넣을 것이며, 이미 내 것이라고 확신하라. 그러면 잠재의식은 그 돈을 얻기 위한 구체적인 계획을 찾아줄 것이다.

19

내면의 목소리는 전적으로 육감의 능력을 통해서만 들려온다. 위대한 예술가, 작가, 음악가, 시인들이 성공할 수 있었던 것도 창의적 상상력에 의지해 내면의 작은 목소리를 따르는 습관을 길렀기 때문이다. 최고의 아이디어가 육감을 통해 전달된다는 것은 예리한 상상력을 지닌 사람들 사이에서 널리 알려진 사실이다.

12

상상력은 열망을 현실적인 방법으로 바꿔, 원하는 돈을 모으게 한다. 망설임 없이 이미 그 돈을 가진 모습을 떠올리며, 잠재의식에 계획을 요구하라. 계획이 떠오르면 즉시 행동으로 옮겨라. 잠재의식은 그 계획을 영감으로 바꿔, 여섯 가지 감각을 통해 순간적으로 마음에 불어넣는다.

18

높은 사고의 경지에 머무는 동안, 마음속 창의적 능력은 자유롭게 힘을 발휘한다. 이때 육감은 기능을 발휘할 준비를 모두 마치며, 평소에는 닿을 수 없었던 아이디어를 받아들이는 상태로 전환된다. 천재와 보통 사람도 이 육감 능력으로 구분 지을 수 있다.

13

부자 법칙 6단계 중 네 번째는 '열망의 실현 계획을 구체적으로 세우고 실행하는 것'이다. 원하는 금액을 모으기 위한 계획을 세울 때는 이성에만 의존해서는 안 된다. 이성은 불완전하고, 이성적 능력은 때때로 느리게 작동하기 때문이다. 이성만을 따르다 보면 실망스러운 결과를 맞이할 수 있다.

17

마음이 어떤 형태로든 자극받아 일정 수준의 파동에 오르면, 마치 비행기를 타고 시야를 가로막던 장애물을 넘어 더 높은 고도로 오르는 것과 같은 경지에 도달한다. 이 경지에 이르면 평범하고 일상적인 생각은 쉽게 걷혀 나간다.

14

끈기는 스스로 세운 목표가 불타는 열망이 될 때까지 포기하지 않는 힘이다. 노력했지만 실패했다면 다시 도전하고 성공할 때까지 계속 일어서라. 쉽지 않은 일이지만, 다시 시도하지 않으면 그대로 주저앉게 된다. 실패 앞에서 다시 일어나게 하는 힘, 그것이 바로 끈기다.

16

창의적 상상력은 강한 자극을 받아 마음의 파동이 빨라질 때, 비로소 최대의 힘을 발휘한다. 그 순간 사고의 범위와 깊이는 이전에 상상할 수 없던 수준으로 확장된다.

15

실천하려는 열망도 없는 사람이 다른 사람에게 먼저 행동하라고 말해서는 안 된다. 남에게 하는 말은 자기암시의 법칙을 통해 내 잠재의식에도 각인되며, 그것이 참이든 거짓이든 오래 남는다. 내가 주는 영향은 끊임없이 나에게 돌아와 내 성품에 스며든다. 다른 사람이 솔선수범하는 습관을 기르도록 도우면, 나 역시 그 습관을 익히게 된다.

15

아이디어나 개념이 마음속을 섬광처럼 스쳐 지나가는 순간을 우리는 흔히 '직감'이라 부른다. 이러한 직감은 여러 원천에서 비롯된다. 신성의 지혜, 오감을 통해 잠재의식에 저장된 반복된 생각이나 감각 정보, 다른 사람이 표현한 생각이나 의식적 사고에서 곧바로 떠오른 개념, 그리고 타인의 잠재의식 등이 그 원천이다.

16

열정이라는 자극으로 마음이 크게 울리면, 그 울림은 주변에 가까이 있는 사람들에게 전해진다. 대중 연설가는 자신의 열정이 청중의 마음에 닿아 공명할 때, 청중이 공감했음을 느낀다. 또한, 영업사원도 자신의 열정이 고객의 마음에 스며들어 조화를 이룰 때, 계약 순간을 알아차린다.

14

창의적 상상력은 인간의 유한한 마음과 무한한 신성의 지혜를 직접적으로 연결하는 기능을 한다. 종교에서 말하는 계시, 혁신에 의한 법칙이나 새로운 원칙은 모두 창의적 상상력이 작용할 때 발견할 수 있다.

17

에머슨은 "자기 자신만이 자기에게 평안을 가져다줄 수 있다"라고 말했다. 마찬가지로 오직 자기 자신만이 자기에게 성공을 가져다줄 수 있는 법이다. 나는 내 운명의 주인이자 내 영혼의 선장이다!

October

13

천재성은 육감을 통해 계발된다. 육감은 분명히 실재하며, 곧 창의적 상상력이다. 그러나 많은 이가 평생 이 힘을 쓰지 못한 채 살아간다. 의도적으로 그것을 목표 달성에 활용하는 소수만이 창의적 상상력을 활용한다. 그리고 그 힘을 이해하고 스스로 다스려 쓸 줄 아는 사람이 바로 천재다.

18

인생의 주인은 바로 나 자신이다. 많은 철학자가 인간은 각자 운명의 주인이라고 말했지만, 그 이유를 설명하지는 못했다. 인간이 삶과 환경의 주인이 될 수 있는 이유는 잠재의식에 영향력을 행사하고, 그것을 통해 신성의 지혜와 협력할 수 있기 때문이다.

12

성적 감정을 억제해 사업에 쏟을 노력, 열정, 결단력으로 전환해 활용하는 사람이라면, 스스로 의식하지 못했더라도 이미 성 에너지 변환의 기술을 익힌 셈이다. 하지만 이런 방식을 실천하는 이들 중 상당수는 자신이 그런 방식을 실행하고 있다는 사실을 깨닫지 못한다.

19

열망을 금전적 대체물인 돈으로 변환하려면, 잠재의식에 직접 영향을 주는 매개체가 필요하다. 모든 성공의 원리는 자기암시를 활용한다. 자기암시는 부를 이루기 위한 모든 노력에 작용한다는 사실을 마음에 새겨둬야 한다.

11

천재란 '사고의 진동을 끌어올려, 일상적인 사고로는 닿을 수 없는 지식의 원천과 직접 자유롭게 소통할 수 있는 경지에 이른 사람'을 말한다.

20

두려움의 진동은 라디오 전파처럼 신속하고 확실하게 마음에서 마음으로 전해진다. 이러한 정신적 감응은 자연스럽게 현실로 드러난다. 그리고 생각을 주고받는 사람 중 적어도 한 사람은 그 사실을 분명히 느낀다.

10

자극 목록의 최상단에 있는 '성적 표현의 열망'은 마음의 파동을 가장 효과적으로 끌어올리며, 물리적 행동의 바퀴를 작동시키는 힘을 지녔다. 자극은 대체로 자연스럽고 건설적이지만, 일부는 파괴적이다. 그러나 비교하고 분석해 보면, 성적 감정보다 더 격렬하고 강력한 마음의 자극은 없다.

21

부정적이거나 파괴적 생각을 말로 내뱉는 사람은, 결국 그 말의 대가를 고스란히 되돌려 받게 된다. 말로 하지 않더라도, 파괴적인 생각을 반복해서 품는 것만으로 그 대가는 다양한 방식으로 돌아온다. 파괴적인 생각을 드러내는 사람은 창의적 상상력을 제대로 쓰지 못하는 고통을 겪고, 파괴적 감정을 품은 마음은 결국 부정적인 성품으로 변한다.

09

마음은 열정, 창의적 상상력, 불타는 열망과 같은 강렬한 파동에 맞춰 조정될 때 다양한 자극에 반응한다. 그 자극에는 성적 표현의 열망, 사랑, 명예와 권력, 재정적 이익이나 돈을 향한 불타는 욕망, 음악, 우정, 영적 차원의 성취, 경험의 공유, 자기암시, 두려움, 그리고 술이나 마약 등이 포함된다.

22

한 번 표출된 생각은 단순히 그것으로 끝나지 않는다. 어떤 방식으로든 드러난 생각은 주변으로 퍼져나가며, 동시에 그것을 내뱉은 사람의 잠재의식에 깊이 새겨진다. 성공하려면 마음의 평안을 찾고, 삶에 필요한 지원을 얻어야 한다. 그리고 무엇보다 행복을 찾아야 한다. 이 모든 성공의 열매는 반복된 생각에서 시작된다.

08

성적 감정은 창의력의 비밀을 내포한다. 성 에너지의 샘을 파괴한다면, 행동하는 힘의 주요 원천을 제거한 것이나 다름없다.

23

누구나 자기 마음을 다스릴 수 있다. 이는 스스로 선택한 생각을 반복해 마음에 새길 힘이 있다는 뜻이다. 이 특권에는 반드시 바르게 써야 할 책임이 따른다. 우리는 운명의 주인으로서, 환경을 조율하고 방향을 정해 원하는 삶을 만들어 갈 수 있다. 그러나 이 힘을 소홀히 한다면, 넓은 바다에서 파도에 떠밀리듯 환경에 휩쓸려 살아갈 수밖에 없다.

07

성적 감정은 저항할 수 없는 힘을 지녔다. 이 감정에 사로잡힐 때, 인간은 초인적인 능력을 발휘한다. 이 사실을 분명히 인지한다면, 성 에너지의 전환으로 천재의 경지에 오를 수 있다는 말의 의미를 깨닫게 될 것이다.

24

잠재의식에 명확한 목표를 새길 수 있는 심리학적 원리가 바로 자기암시다. 이는 일종의 자기 최면이라 해도 좋다. 자신이 추구하는 목표가 오래도록 행복을 가져다줄 것이라 확신한다면, 그 원리를 두려워할 이유는 없다. 다만 그 목적이 언제나 긍정적이어야 하며, 나의 성취로 타인이 불행이나 좌절을 겪어서는 안 된다.

06

위대한 업적을 남긴 이들은 대개 성적 본능이 강하게 발달했다. 그들은 성 에너지를 다른 방향으로 전환하는 방법을 터득했다. 문학·예술·산업·건축 등 각 분야에서 큰 부를 이루거나 뛰어난 성취를 이룬 이들에게, 이성의 영향력은 중요한 동기 가운데 하나였다.

25

잠재의식은 자석과 같다. 분명한 목적과 하나가 되어 활력이 넘칠 때, 잠재의식은 그 목적을 이루는 데 필요한 모든 것을 끌어당긴다. '끼리끼리 모인다'라는 인력의 법칙은 자연에서도, 사회에서도 쉽게 확인할 수 있다. 성공한 사람은 성공한 사람을, 삶이 순탄치 못한 사람은 비슷한 처지의 이들을 끌어당긴다. 당신은 어떤 무리에 속하고 싶은가?

05

강을 댐으로 막으면 한동안은 물의 흐름을 통제할 수 있지만, 결국 물은 어떻게든 흘러가기 마련이다. 성적 감정 역시 마찬가지다. 잠시 억제하고 통제할 수 있을지는 몰라도, 본성상 어떤 방식으로든 표출구를 찾으려 하는 법이다. 만약 창의적인 노력으로 전환하지 못한다면, 그보다 한참 무의미한 방식으로 분출되고 만다.

26

우리는 원하든 원치 않든, 자기 인생철학과 조화를 이루는 사람들을 끌어들인다. 이 사실이 진리임을 깨닫는다면, 목표 달성에 도움이 되는 사람을 불러들일 수 있는 뚜렷한 목표가 얼마나 중요한지 알게 될 것이다. 당신의 목표는 현 상황보다 한층 더 높이 설정되어 있는가? 높은 목표를 세우는 것은 단순한 특권이 아니라, 나 자신과 사회에 대한 책임이다.

04

성 에너지의 변환에는 확고한 의지가 필요하다. 하지만 그 보상은 노력의 크기만큼 아주 값지다. 성적 열망은 타고난 본능이며, 억제하거나 없앨 수 있는 것이 아니다. 중요한 것은 그 열망을 몸과 마음, 영혼을 풍요롭게 하는 방향으로 전환하는 일이다. 그렇지 못하면, 열망은 결국 단순한 육체적 충족만을 좇게 된다.

27

자기암시의 원리로 목표를 명확히 정할 수 있는 사람은 어떤 환경이든 달갑게 받아들인다. 그는 가난의 족쇄를 끊어내고 치명적인 질병을 극복할 수 있으며, 미천한 자리에서 힘과 부를 누리는 위치로 올라설 수도 있다. 모든 위대한 지도자는 명확한 목표에 리더십의 뿌리를 두고 있다. 리더가 목표를 품고 용기 있게 행동할 때, 추종자들은 자연스럽게 모여든다.

03

성적 접촉에 대한 열망은 매우 강력한 감정이다. 어떤 이들은 그것을 충족하기 위해 인생을 걸고, 때로는 평생 쌓아온 명성을 잃을 위험까지 감수한다. 이처럼 강력한 동기를 부여하는 성적 열망은, 본래 지닌 상상력이나 용기 같은 자질을 잃지 않은 채 새로운 방향으로 전환될 수 있다. 그것은 부의 축적에도 쓰이고, 강력한 창의적 에너지의 원천이 되기도 한다.

28

자기암시의 원리로, 몸과 마음에 깊이 새겨진 열망이 강력한 자석처럼 목표를 이루도록 끌어당긴다는 사실을 의심하지 말자. 단순히 자동차를 원한다고 해서 가질 수 있는 것은 아니다. 그러나 자동차에 대한 불타는 열망이 있다면, 그 열망은 분명히 자동차를 손에 넣기 위한 행동을 불러 일으킨다.

성 에너지의 변환은 매우 단순한 개념이다. 단지 육체적 표현에 머무른 생각을 다른 차원의 생각으로 바꾸는 것을 뜻한다. 성적 열망은 인간의 모든 열망 가운데 가장 강력하다. 이 열망이 주도적인 힘이 될 때, 상상력과 용기, 의지력, 인내, 창의적 능력 등이 한층 예리하게 다듬어진다.

29

노력의 필요성을 깨닫지 못하면, 야망과 의지를 잃을 뿐 아니라 마음이 무기력해져 자신감마저 상실하게 된다. 더는 노력하지 않아도 된다고 생각하는 순간, 자기암시의 원리를 부정적으로 쓰게 된다. 사람의 마음은 긍정적일 수도, 부정적일 수도 있다. 그 마음을 긍정의 힘으로 채우는 것이 곧 자신감이다.

01

성적 감정은 마음의 상태와 깊이 연결되어 있다. 이를 간과하면, 마음은 육체적 욕망에만 매여 편협해지기 쉽다. 그러나 그 이면에는 인류를 보존하는 힘, 건강을 지탱하는 힘, 그리고 평범한 이를 천재로 변화시키는 힘이라는 세 가지 건설적 잠재력이 숨어 있다.

30

반복된 확신으로 잠재의식에 자리 잡은 생각은, 목표를 향해 나아가게 하는 보이지 않는 힘이 된다. 스스로 품은 생각을 마음에 새기는 것이 바로 자기암시다. 나 자신을 믿지 않으면, 누구도 나를 믿지 않는다.

October

10

Guide to Success

Napoleon Hill

31

같은 일이나 생각, 말을 반복하면 습관이 만들어진다. 습관이 축음기 레코드판의 홈이라면, 마음은 그 홈을 따라가는 바늘과 같다. 반복을 통해 습관이 자리 잡으면 마음은 자연스레 그 습관에 달라붙어 그대로 쫓아가려는 경향을 보인다. 습관은 시각·청각·후각·미각·촉각, 다섯 감각이 일정한 방식으로 반복될 때 형성된다.

마스터 마인드의 원리가 작용하려면, 마음이 조화로운 상태여야 한다. 조화가 없다면 마스터 마인드도 없다. 이 사실은 아무리 강조해도 지나치지 않다.

April

4

Guide to Success

Napoleon Hill

29

여러 개의 전지가 한 개보다 더 많은 에너지를 내듯, 조화롭게 연결된 두 개 이상의 두뇌는 하나의 두뇌보다 훨씬 더 큰 사고 에너지를 만들어 낸다.

01

지식에는 일반 지식과 전문 지식, 두 종류가 있다. 아무리 방대하고 다양해도 일반 지식만으로는 부를 쌓을 수 없다. 지식은 부유해지겠다는 뚜렷한 목표 아래, 실천 가능한 행동 계획으로 체계화될 때 힘을 발휘한다. 지식은 그 자체로는 잠재적 힘에 불과하다. 명확한 계획과 방향이 세워질 때 비로소 실제적인 힘이 된다.

28

인간의 힘은 지적 노력을 통해 체계화된 지식에서 비롯된다. 하지만 구성원들이 지식과 에너지를 조화롭게 조직화하지 못한다면, 아무리 노력해도 체계화되었다고 할 수 없다. 많은 사업이 무너지는 이유도, 바로 이 조화의 부재에 있다.

02

제대로 교육받은 사람이란, 자신이 원하는 것이나 그 대체물을 다른 사람의 권리를 침해하지 않고 획득할 수 있는 마음의 힘을 지닌 사람이다.

27

눈에 띄는 성공은 단순히 한 사람의 노력 덕분인 것처럼 보일 수 있다. 그러나 자세히 들여다보면, 그 사람의 마음과 조화를 이루며 함께한 이들이 있었음을 알 수 있다.

03

열망을 금전적 대체물로 바꾸는 능력을 믿기 전에, 그 대가로 제공할 서비스나 상품, 혹은 전문 지식부터 갖추어야 한다. 때로는 자기 능력을 넘어서는 수준의 전문 지식이 필요할 때도 있다. 그럴 때는 지식과 경험을 갖춘 다른 사람들의 도움을 받아 약점을 보완하는 것도 좋은 방법이다.

26

우연이든 아니든, 소위 천재라 불리는 사람들이 그런 명성을 얻은 데에는 대개 팀과의 동맹이 큰 몫을 했다. 그 협력을 통해 마음의 진동이 증폭되면서, 우주에 기록된 방대한 지식의 보고에 접속할 수 있었다.

04

마스터 마인드 팀(Master Mind Team)을 활용하라! 누구나 학력이 부족해 열등감에 빠져 힘든 시간을 보내곤 한다. 유용한 지식을 가진 사람들에게 배워야만 성공할 수 있다. 성공한 사람은 지식을 익히는 일을 절대 멈추지 않는다. 지식을 쌓는 길은 끝이 없다.

25

비즈니스, 금융, 산업 등에서 눈에 띄는 성공 사례를 살펴보면, 그 이면에는 마음의 화학작용 원리를 활용한 개인이 있음을 알 수 있다. 바로 그 작용을 통해 마스터 마인드가 형성된다. 함께 마스터 마인드를 나눌 동료가 있는가? 그렇다면 성공은 이미 가까이 와 있다.

05

목표를 이루려면 지식을 쌓아야 한다. 먼저 자신에게 필요한 전문 지식이 무엇이며, 왜 필요한지 분명히 해야 한다. 그다음에 신뢰할 만한 지식의 원천을 찾아야 한다. 이때, 검증된 교육이나 훈련 과정이 큰 도움이 된다.

24

<u>스스로</u> 할 수 있다고 믿는다면 정말로 할 수 있는 법이다. 지금까지 수많은 실패를 겪었는가? 그렇다면 오히려 다행이다. 이제는 해서는 안 될 몇 가지를 분명히 알게 되었으니까.

06

지식을 습득했다면 반드시 체계화하고 실제로 활용하는 과정을 거쳐야 한다. 지식은 실제로 적용되어 의미 있는 결과를 얻어야만 가치 있다. 추가로 교육받으려면, 지식을 어떻게 활용할지 먼저 목적을 명확히 한 후에 신뢰할 만한 기관을 찾아야 한다.

23

가난해지는 데는 아무런 계획도 필요 없다. 어떤 도움이나 지원도 소용없다. 가난은 예고 없이, 무자비하게 찾아오기 때문이다. 그러나 부는 수줍음이 많으므로, 적극적으로 끌어당겨야 한다. 누구나 부자가 되기를 바라지만, 부를 얻는 유일하고 확실한 길이 명확한 계획과 불타는 열망이라는 사실을 아는 사람은 극히 드물다.

07

성공의 가도를 달리는 사람은 중요한 목적이나 사업, 혹은 전문성과 관련된 특별한 지식을 습득하는 일을 절대 멈추지 않는다. 성공하지 못하는 사람은 대개 정규 교육을 끝마치는 즉시 지식 습득을 끝내도 된다고 믿는 실수를 범한다. 학교 교육은 대개 자신에게 필요한 지식을 얻는 방법만 가르쳐줄 뿐이다.

September

22

두 사람 이상이 조화로운 마음을 모아 마스터 마인드라 불리는 효과를 만들어 내면, 각 구성원은 서로의 잠재의식에 닿아 그 속에서 지식을 얻을 힘을 얻게 된다. 이 힘은 곧 더 높은 파동으로 마음을 자극하며, 더 생생한 상상력이나 흔히 말하는 육감으로 드러나기 때문에 즉각적으로 느낄 수 있다.

08

사람들은 노력과 비용을 들이지 않고 얻은 것을 과소평가한다. 이러한 이유로, 대부분 정규 교육이 제공하는 놀라운 기회를 제대로 활용하지 못한다. 공짜 교육 기회를 낭비했다면, 전문 교육 프로그램으로 자기 관리 능력을 쌓아 어느 정도 메꿀 수 있다. 지식이 주는 기회를 결코 소홀히 해서는 안 된다.

21

마스터 마인드란, 주어진 과업의 성공을 위해 두 사람 이상이 동맹을 맺고 조화롭게 협력할 때 형성되는 집단적 마음을 뜻한다. 이 원리는 어떤 사업 분야에서든 일상적인 업무에 효과적으로 활용할 수 있다. 특히 6~7명으로 구성된 팀에서 가장 뛰어난 효과를 발휘한다는 사실이 입증된 바 있다.

09

사람들에게는 고치기 어려운 약점이 하나 있다. 바로 야망이 없다는 것이다. 하지만 여유 시간을 학습에 쓰는 사람은 다르다. 특히 일하면서도 배우는 사람은 낮은 지위에 오래 머물지 않는다. 배움은 더 높은 곳으로 가는 길을 열고, 장애물을 줄이며, 영향력 있는 이들에게 주목받게 해주기 때문이다.

20

가난과 부는 수시로 자리를 바꾼다. 세계적 경제 위기가 이러한 교훈을 일깨워줬지만, 이를 오래 기억하는 사람은 드물다. 가난을 부로 바꾸는 변화는 언제나 치밀한 계획과 꾸준한 실행에서 시작된다.

April

10

상인은 판매가 부진한 제품을 수요가 많은 다른 상품으로 대체한다. 자신의 능력을 파는 사람도 이러한 효율성을 배워야 한다. 만약 특정 분야에서 제대로 된 성과를 내지 못한다면, 능력을 개선하거나 분야를 바꿔야 한다.

19

감정의 긍정적인 흐름과 부정적인 흐름 사이를 오가는 사람이 많다. 특히 경제불황의 시기에는 긍정적인 흐름에서 부정적인 흐름으로 순식간에 휩쓸리는 사람이 무척이나 많았다. 만약 당신이 여기에 속한다면, 다시 긍정적인 흐름으로 돌아가기 위해 모든 노력을 기울여야 한다.

11

정규 교육을 마쳤다는 이유만으로 학습을 중단한 사람은 어떤 이름으로 불리든 상관없이 영원히 평범한 사람에 머물 것이다. 성공의 길은 끊임없이 지식을 추구하는 길과 같다.

18

부를 축적한 사람들은 인생에도 흐름이 있다는 사실을 안다. 그 흐름은 개인의 사고 과정에서 비롯된다. 긍정적인 생각과 감정은 부를 향해 나아가는 흐름을 만들고, 부정적인 감정은 가난으로 떨어지는 흐름을 만든다.

12

밑바닥에서 시작해 차근차근 올라 성공한 사람은 칭송받을 만하다. 그러나 많은 이들은 기회를 잡을 만큼 오르지 못한 채 밑바닥에 머문다. 이는 습관에 빠져 운명을 그대로 받아들이기 때문이다. 반면 조금만 올라가도 보상을 얻는다. 주변을 살피고 앞선 이들의 방식을 배우며, 기회를 주저 없이 붙잡는 습관이 생기기 때문이다.

17

돈의 흐름에는 눈에 보이지 않는 엄청난 힘이 작용한다. 이 힘은 거대한 강줄기의 흐름과 비교할 만하며, 두 갈래로 나뉘어 각각 다른 방향으로 흘러간다. 한쪽은 그 흐름에 합류한 이들을 부로 이끌고, 다른 한쪽은 불행과 가난으로 몰아간다. 나는 어느 흐름을 탈 것인가?

13

습관이 성공과 실패를 좌우한다. 높은 지위에 오를지, 밑바닥에 머물지는 언제든 통제할 수 있는 주변 여건에 달려 있다. 성공 법칙은 바로 이 점을 강조한다. 밑바닥은 누구에게나 단조롭고 암울하며 무익한 곳이다. 성공과 실패, 모두 습관의 산물이다.

16

돈을 끌어들이는 힘은 사실 마음에 드는 이성을 향해 구애할 때 쓰이는 힘과 크게 다르지 않다. 다만 그 힘이 돈을 향해 제대로 작동하려면 신념과 결합해야 한다. 여기에 열망과 인내가 더해지고, 구체적인 계획으로 이어져야 한다. 그리고 반드시 그 계획을 행동으로 실천해야 한다.

14

좋은 아이디어는 돈으로 환산할 수 없다. 좋은 아이디어 대부분은 전문 지식을 기반으로 한다. 하지만 전문 지식이 풍부해도 부유하지 못한 사람이 많다. 지식은 누구나 쉽게 얻을 수 있기 때문이다. 진정한 핵심은 상상력이다. 전문 지식과 아이디어를 결합해 부를 창조하는 상상력 말이다.

15

사람은 흔히 스스로 지혜롭다고 믿지만, 대개는 초보적 수준에 머물러 있다. 마스터 마인드의 도움 없이 진정한 지혜에 이르기는 어렵다.

15

자기 통제력이 부족한 사람은 불필요한 말을 많이 한다. 지혜로운 사람은 원하는 것을 분명히 알고 그 목표에 집중하며, 말은 늘 신중히 한다. 수다스러운 사람은 환영받지 못하고 아무것도 얻지 못한다. 말하기보다 듣는 데서 더 큰 이득이 온다는 사실을 명심하자.

14

사업가는 직원들이 겉으로라도 조화를 이루며 협력하게 만드는 일이 얼마나 어려운지 잘 안다. 신성의 지혜는 그런 힘으로 얻을 수 있는 가장 중요한 원천이다. 두 사람 이상이 조화의 정신으로 협력해 명확한 목적을 추구할 때, 신성의 지혜라 불리는 특별한 영감을 접하게 된다. 이것이야말로 모든 위대한 리더들이 의지해 온 힘의 원천이다.

16

인생은 격렬한 마차 경주와도 같다. 강인한 성품과 이기고자 하는 명확한 목표나 의지를 지닌 사람만이 승리한다. 시련과 저항으로 강인해진다는 것은 불변의 법칙이다. 무거운 망치를 온종일 내리쳐야 하는 대장장이에게 동정을 느낀다면, 그가 얻은 그 무쇠 같은 팔뚝도 부러워해야 한다.

13

마하트마 간디는 힘을 앞세우지 않았지만, 실제로는 강력한 힘을 발휘했다. 그는 몇 마디 말만으로 2억 명이 넘는 사람들을 하나의 목표 아래 결집하게 했다. 명확한 목적을 세우고 협력을 이끄는 힘을 배우자.

타인의 지식과 경험에서 '사실'을 수집해야 할 때가 많다. 이때는 수집된 자료와 그 출처인 인물을 신중히 살펴야 한다. 만약 그 인물의 이해관계에 영향받는 '사실'이라면 더욱더 신중하고 꼼꼼히 검토해야 한다. 자기 이해관계를 지키기 위해 자료를 바꾸는 경우도 많기 때문이다.

12

헨리 포드는 훌륭한 정신을 지닌 이들과 동맹을 맺고, 그들의 사고와 에너지를 흡수하여 가난과 문맹, 무지를 극복했다. 그는 에디슨, 버뱅크, 버로스, 파이어스톤과 교류하며, 그들의 지혜와 경험, 지식, 그리고 영적인 힘의 정수를 자기 것으로 만들었다. 우리도 훌륭한 정신의 소유자와 동맹을 맺어야 한다.

18

다른 사람을 비방하는 말은, 설령 들을 가치가 있더라도 그대로 받아들이지 말고 신중히 들어야 한다. 사람들은 싫어하는 이의 단점만 보려는 경향이 있다. 남의 과오는 과장하고, 장점은 축소해서 말하기가 쉽기 때문이다.

헨리 포드는 비즈니스와 산업 분야에서 최고의 소식통이었다. 그의 주변 사람들을 보면 쉽게 알 수 있다. 사람은 공감과 조화의 정신으로 가까이 지내는 이들의 성품과 습관, 사고방식을 자연스레 받아들인다.

지식으로 향하는 길목에는 네 가지 통로가 있다. 그것은 자기암시, 잠재의식, 창의적 생각, 그리고 신성의 지혜다. 그중 인간이 통제할 수 있는 것은 앞 세 가지뿐이다. 그리고 이 통로들을 걷는 태도에 따라 마지막 하나인 '신성의 지혜'에 도달하는 시기와 방식이 결정된다.

10

협력자들로 둘러싸인 사람이 발휘하는 힘의 비밀이, 바로 마스터 마인드의 원리다. 두 사람 이상의 두뇌가 조화롭게 협력하면, 그 동맹에서 생겨난 더 큰 에너지를 팀 구성원 각자가 나눠 쓸 수 있다.

20

모든 성공은 힘에서 비롯된다. 그 힘은 체계적인 지식을 행동으로 옮길 때 생긴다. 세상은 그런 힘에만 충분한 보상을 준다.

09

에너지는 자연을 이루는 기본 단위이며, 그 조각들이 모여 모든 물질과 생명을 형성한다. 인간 역시 이 조각들을 활용할 수 있는데, 바로 사고를 위한 에너지다. 특히 두 사람 이상이 조화로운 정신으로 협력하고 연결될 때, 하나의 두뇌보다 훨씬 더 큰 사고의 에너지가 창출된다.

21

새로운 분야의 지식을 찾아 나서면, 마치 공중에 도약한 듯 마음이 열리고 시야가 넓어지는 경험을 하게 된다. 때로는 과거에 믿었던 지식을 버리고, 진실이라 여겼던 것까지 완전히 내려놓아야겠다고 느끼곤 한다. 지금이라도 늦지 않았다. 새롭게 시작하라.

08

많은 부를 축적한 사람들의 행적을 살펴보면, 의식했는지와 상관없이 그들 모두 마스터 마인드의 원리를 활용해 왔음을 알 수 있다. 다른 방식으로는 그렇게 막대한 힘을 얻을 수 없기 때문이다.

22

관용은 인종과 종교에 대한 선입견이 불러올 재앙을 피하는 방법을 알려 준다. 아무리 사고가 정확해도 관용이 없다면 올바른 판단에 도달할 수 없다. 불관용은 친구가 될 사람을 적으로 만들고, 새로운 기회를 무너뜨리는 원인이 된다. 결국, 불관용은 우리 마음을 의심과 불신, 그리고 선입견으로 가득 채울 뿐이다.

07

사람의 마음은 에너지의 한 형태이며, 그중 일부는 본질적으로 영적인 성질을 띤다. 두 사람 이상의 마음이 조화롭게 협력할 때, 각자의 영적 에너지가 서로 어우러져 깊은 친밀감을 이루고, 이것이 곧 마스터 마인드의 정신적 측면을 형성한다.

23

"자신이 대접받고 싶은 대로 남을 대접하라"라는 황금률을 실천하면, 누구나 위대하고 보편적인 인간 행동의 법칙을 직접 경험할 수 있다. 이 법칙을 이해하지 못하면, 수많은 사람이 그렇듯 평생 절망과 빈곤 속에 허덕이며 끝내 채워지지 않는 욕망만을 안고 살아가게 된다.

06

마스터 마인드의 이득은 두 가지다. 하나는 경제적 이득으로, 조화로운 정신을 바탕으로 기꺼이 돕는 팀에게서 충고와 조언, 협력을 얻을 때 생겨난다. 다른 하나는 정신적 이득으로, 협력하는 마음이 만들어 내는 시너지 같은 무형의 힘이다.

힘을 얻는 것은 인간이 추구하는 세 가지 기본 목표 중 하나다. 힘에는 두 가지가 있다. 자연적인 물리 법칙과 조화를 이루며 기르는 힘, 그리고 지식을 체계화하고 분류하여 얻는 힘이다. 이 중에서 체계화된 지식을 통해 얻는 힘은 다른 힘을 다룰 수 있는 도구가 되므로, 더 중요하다.

05

명확한 목적을 이루기 위해 두 사람 이상이 조화의 정신으로 모아낸 지식과 협력을 '마스터 마인드'라 한다. 마스터 마인드 없이 큰 성공을 이룰 만큼 강력한 힘을 가진 사람은 없다.

25

'문명'은 인간이 축적하고 체계화한 지식이 빚어낸 발전 단계다. 그 성과 가운데 하나는, 우주를 이루는 수많은 물리 요소를 발견하고 분류한 일이다. 연구와 정밀한 측정을 통해 인간은 거대한 우주의 질서를 밝혀냈고, 동시에 분자와 원자, 더 이상 쪼갤 수 없는 전자까지 미세하게 구분해 냈다.

지식을 담아 명확한 계획을 세우고, 행동으로 옮기는 일은 혼자 힘만으로 쉽지 않다. 특히 계획이 포괄적이고 많은 부분을 깊이 고민해야 한다면, 실행에 힘을 보태기 위해 주변의 협력을 끌어내는 것이 일반적이다.

26

지식이 어떻게 수집되고 체계화되며 분류되는지를 이해하려면, 물질을 구성하는 가장 작은 입자부터 살펴야 한다. 이것은 우주를 이루는 물리적 틀을 창조해 낸 자연의 설계도와 같다. 전체 구조를 이해하기 위해서는 반드시 가장 작은 것부터 이해해야 한다.

03

지식은 체계화될 때 명확한 계획이 되고, 그 계획이 행동으로 옮겨질 때
비로소 힘이 된다.

27

우리의 첫 스승은, 결국 자기 자신이다. 배우는 사람은 마침내 자신의 스승이 된다. 배움을 통해 얻은 원칙은 단순히 기억에 남는 것이 아니라, 이해를 통해 마음속에 자리 잡는다. 이해에서 비롯되지 않은 지식은 결코 오래가지 않는다.

부를 축적하려면 '힘'이 필요하다. 그리고 그 부를 지키기 위해서도 '힘'이 필요하다. 체계화된 지식의 원천은 세 가지다.

1. 창의적 상상력으로 접한 신성의 지혜.

2. 학습으로 얻는 축적된 경험.

3. 새로운 사실을 습득하기 위한 연구와 실험.

April

28

인간이 대대로 물려받은 유용한 지식 대부분은 대자연의 성서에 정확히 기록되어 보관된 것들이다. 그 불변의 성서를 한 장씩 넘기다 보면, 수많은 고난을 거쳐 현대 문명이 이루어졌음을 알 수 있다. 자연의 섭리를 존중하고, 자연에서 지혜를 구하자.

01

부를 축적하기 위해 반드시 지녀야 할 것 중 하나는 '힘'이다. 행동으로 옮길 힘이 없는 계획은 아무 소용이 없다. 여기서 말하는 힘이란, 열망을 금전적 대체물로 변환할 수 있을 만큼 충분히 체계화된 지식이나 노력이다. 체계화된 노력은 조화의 정신 아래, 명확한 목표를 향해 함께 나아가는 두 사람 이상의 협력에서 비롯된다.

29

사람의 마음과 두뇌는 주변 공간을 매개로 서로 연결된다. 한 사람과 마음이 통하는 다른 이는 그가 떠올린 생각을 즉각 포착한다. 생각과 마음이 전이된다는 이 사실이 인생의 모든 단계에서 어떻게 작용하는지 상상해 보자.

September

9

Guide to Success

Napoleon Hill

30

중요한 것은 아이디어임을 잊지 말자. 지식은 모퉁이만 돌면 찾을 수 있다. 마음만 먹으면 찾을 수 있다는 뜻이다. 아이디어는 공들여 수고해야 얻을 수 있다. 아이디어와 꿈은 상상력에서 태어난다.

31

사람은 누구나 이미 가진 것을 더 많이 얻게 된다. 실패감과 열패감, 부족한 자신감과 자제력을 지녔다면 그런 것들만 더 늘어날 것이다. 반대로 열망과 자신감, 자제력, 인내와 결단력을 품었다면 그것들을 더욱 풍성히 얻게 될 것이다.

May

5

Guide to Success

Napoleon Hill

30

인내 없이는 그 어떤 것도 성취할 수 없다. 이 사실은 아무리 반복해 말해도 지나치지 않는다. 인내력의 유무는 단순한 희망과 반드시 이루겠다는 확고한 결의의 차이와 같다. 지속해서 노력하지 않는다면, 목표는 아무런 의미가 없다.

01

상상하는 것은 모두 현실이 될 수 있다. 상상력은 말 그대로 인간의 계획이 세워지는 작업장과 같다. 이곳에서 반복된 생각과 열망이 모양과 형태를 갖추고, 상상력의 힘을 빌려 행동으로 드러난다. 우리는 모든 상상을 실현할 수 있는 존재다.

29

나는 성공을 거머쥘 열쇠를 갖고 있다. 그 열쇠로 지식의 사원의 문을 열고, 그 안으로 들어가면 된다. 문제는 그 사원이 먼저 다가오지 않는다는 점이다. <u>스스로 그곳으로</u> 향해야 한다. 넘어져도 다시 일어나, 끝없이 나아가야 한다.

02

부유해지고 싶다면, 지금 당장 상상력을 동원하여 열망을 돈으로 바꿀 계획을 세워야 한다. 무형의 반복적 생각으로 전달되는 열망을 '돈'이라는 유형의 현실로 바꾸려면, 계획이 필수다.

28

팀의 에너지를 성공적으로 창출하고 지휘할 수 있는 리더가 되려면, 여러 자질이 필요하다. 인내심과 끈기, 자신감이 있어야 하고, 마음의 화학작용을 깊이 이해해야 한다. 또한 불안을 드러내지 않으면서 급변하는 상황에 유연하게 대처할 수 있어야 한다.

03

상상력은 인위적 상상력과 창의적 상상력, 두 가지로 구분된다. 인위적 상상력은 과거의 생각이나 아이디어, 계획을 새롭게 조합하는 데 쓰인다. 인위적 상상력으로 해결할 수 없는 문제에 직면하면, 천재들은 창의적 상상력을 발휘한다.

27

누구나 인생에서 두 번의 중요한 시기를 거친다. 첫째는 지식을 쌓고 체계화하는 시기이며, 둘째는 타인의 인정을 얻으려 애쓰는 시기다. 체계화된 지식은 곧 서비스가 된다. 그러니 "내가 받을 대가를 먼저 보여주면, 내가 무엇을 할 수 있는지 내보이겠소"라고 말하기보다, "내가 할 수 있는 일을 먼저 보일 테니, 마음에 든다면 합당한 대가를 주시오"라고 말하라.

04

인간의 유한한 마음은 창의적 상상력을 통해 신성의 지혜와 직접 소통한다. 창의적 상상력은 직감과 영감을 마음에 전달하며, 타인의 마음에서 발생한 생각의 진동이 유입되는 경로이기도 하다. 또한, 타인의 잠재의식과 소통할 수 있게 한다.

26

'불가능'이라는 단어와 친숙하다면, 그것은 중대한 약점이 된다. 적용할 수 없는 모든 규칙과 실행할 수 없는 모든 사안을 이미 다 알고 있는 사람이 너무 많다. 그러나 남들이 다 가능하다고 여기는 규칙과 사안만 적용하고 실행해서 큰 성공을 거둔 사람은 없다.

05

창의적 상상력은 자동으로 작동한다. 특히 강한 열망이 의식을 자극할 때 가장 효과적으로 작동한다. 창의적 상상력을 자주 사용할수록 그것을 강하게 만드는 자극에 더 민감해지고, 더 과감히 받아들인다. 요컨대, 강한 열망이 창의적 상상력을 키운다.

25

자연 앞에서는 속임수나 부정행위가 통하지 않는다. 자연은 오직 그 대가를 치른 자에게만 원하는 목적을 성취하도록 허락한다. 그 대가는 바로 지속적이고 물러서지 않는, 끊임없는 노력과 인내다. 인내력이 없다면 그 어떤 것도 이룰 수 없다.

06

비즈니스와 산업, 금융의 위대한 지도자들, 그리고 위대한 예술가와 음악가, 시인, 작가들은 모두 창의적 상상력을 발전시켜 그 자리에 오른 것이다. 인위적 상상력과 창의적 상상력 모두 사용하면 할수록 기민해진다. 우리 몸의 근육과 기관들이 사용하면 할수록 튼튼해지는 것과 같다.

24

확고한 결의와 단 하나의 열망을 끝까지 밀고 나가며 길러진 인내는 모든 장애물을 넘어설 힘이 되어, 결국 바람직한 기회를 안겨준다. 처음에는 "No"라고 말한 고객에게서 오히려 더 큰 성과가 나오는 경우가 많다는 점을 기억하자.

07

열망은 반복적인 생각에 불과하며, 모호하고 수명도 짧다. 열망은 원하는 것의 압축된 형태일 뿐, 물리적 대체물로 바뀌기 전까지는 아무 가치도 없다. 이러한 열망을 부로 전환하는 데는 인위적 상상력이 가장 자주 쓰인다. 다만, 때로는 창의적 상상력까지 동원해야 하는 상황에 부딪힐 수 있음을 기억해야 한다.

23

실패에 이르는 가장 일반적인 원인 중 하나는 일시적 패배에 압도당하여 포기해 버리는 습관이다. 실패는 반어적 표현의 예리한 감각과 교활함을 지닌 사기꾼과 흡사하며, 성공을 바로 눈앞에 둔 사람의 발을 걸어 넘어 뜨리는 일에서 큰 즐거움을 찾는다.

08

무엇보다 먼저, 인위적 상상력을 기르는 데 집중해야 한다. 열망을 돈으로 바꾸는 과정에서 가장 자주 쓰이는 능력이기 때문이다. 반복되는 무형의 생각을 현실에 존재하는 유형의 돈으로 전환하려면, 체계적인 계획이 필요하다. 그러한 계획은 인위적 상상력에서 비롯된다.

22

예언자나 철학자, 기적을 일으킨 사람, 위대한 지도자들이 한결같이 하는 말이 있다. "엄청난 실패를 경험한 지점에서 한 걸음 더 나아갔을 때 성공이 찾아왔다."

09

지금 당장 상상력을 발휘해 열망을 돈으로 바꿀 계획을 세우고, 간략하게나마 글로 작성하자. 그 순간 무형의 열망이 형태를 갖추게 된다. 그 계획을 큰 소리로 읽어보자. 이렇게 함으로써, 생각을 물리적 대체물로 바꾸는 첫 단계가 시작됐음을 기억하라.

21

인내심을 지닌 사람에게 어려움을 극복할 힘을 허락하는 신비로운 원천은 무엇일까? 인내는 마음 깊은 곳에서 영적·정신적, 때로는 화학적 에너지를 일으켜 마치 초능력 같은 힘을 작동하게 한다. 신성의 지혜는 온 세상과 맞서 싸우다 패배했음에도 끝내 포기하지 않는 사람 곁에 반드시 찾아온다.

10

열망은 반복적인 생각이다. 반복되는 생각은 곧 에너지의 형태를 띤다. 부에 대한 반복적 열망을 품기 시작하는 순간, 우리는 자연이 삼라만상을 창조할 때 썼던 그 에너지를 자기 일에 불어넣는다. 삼라만상에는 이 반복적 생각에 기능을 부여하는 우리의 육체와 두뇌도 포함된다는 사실을 잊지 말자. 열망은 곧 자연의 에너지다.

20

목표와 계획을 확정하면 얻게 되는 성공 철학 6가지

1. 경제적 상황의 통제, 2. 사고의 자유로운 확장, 3. 크든 작든 부의 축적, 4. 행운을 끌어들일 기회, 5. 꿈을 물리적 대체물로 바꿀 능력, 6. 두려움과 좌절, 무관심의 극복.

11

우주를 이루는 두 가지 주요 요소는 물질과 에너지다. 이 둘이 결합해 별에서 인간에 이르기까지, 우리가 인지하는 모든 것이 탄생한다. 이제 대자연의 원리를 삶에 적용할 때다. 열망을 물질적·금전적 성과로 전환하려면, 자연의 법칙을 따르는 성실하고 정직한 노력이 필요하다. 우리는 할 수 있다. 그동안 늘 그래 왔지 않은가.

19

인내하는 습관을 습득하는 4단계

1. 불타는 열망이 뒷받침된 명확한 목적, 2. 지속적인 행동으로 표현되는 확고한 계획, 3. 친척이나 친구, 지인들의 부정적 의견을 포함해 모든 부정적 영향력을 단호히 차단하는 마음가짐, 4. 계획과 목적을 일관되게 추진하도록 힘을 보태는 우호적 협력 관계 형성.

12

거대한 떡갈나무가 작은 도토리에서 자라나듯, 내가 목표로 하는 부(富)도 상상력으로 체계화한 계획에서 시작된다. 인간의 상상력은 사용하지 않으면 잠시 활동하지 않을 수는 있어도 절대 소멸하지는 않는다. 지금 내 안에 잠자고 있는 상상력을 깨우자.

18

인생에서 이루고 싶은 것은 무엇인가? 안정된 삶, 행복, 명예, 권력, 사회적 명성, 여유로운 삶, 예술적 재능? 그렇다면 그것을 성취하기 위해 어떤 계획을 세워야 할까? 부는 단순한 희망에 응답하지 않는다. 오직 명확한 열망에 기초한 확고한 계획이 끈기 있게 실행될 때 반응한다.

13

신은 자신이 원하는 것을 분명히 알고, 그것을 얻고자 하는 굳은 의지를 지닌 사람과 함께한다. 그러나 열심히 일하고 정직하게 살아가는 것만으로 부자가 될 수 있다고 믿으면 큰 착각이다. 거대한 부는 단순한 노력의 결과가 아니다. 그것이 이루어진다면, 분명한 원칙을 따르는 명확한 열망이 불러온 결과다. 절대 우연이나 행운으로 얻어지지 않는다.

17

많은 사람이 물질적 성공을 단순히 행운의 산물로 여긴다. 어느 정도 그럴 만한 이유도 있다. 그러나 운에만 기대는 사람은 번번이 실망할 수밖에 없다. 우리가 온전히 의지할 수 있는 행운은 스스로 만들어 내는 행운뿐이며, 그것은 인내와 꾸준한 노력 속에서 생겨난다. 그리고 그 출발점은 '분명한 목적'이다.

14

일반적으로 아이디어란, 상상력에 호소해 반복적으로 떠올라 결국 행동으로 이어지는 생각이다. 유능한 사업가는 상품은 팔지 못해도 아이디어는 팔 수 있다는 사실을 잘 안다. 반면, 평범한 사업가는 이를 알지 못해 평범한 수준을 벗어나지 못한다.

16

실패 뒤에 따라올 비판이 두려워, 위험을 감수하지 않는 사람이 많다. 성공에 대한 열망보다 비판에 대한 두려움이 더 크게 작용하기 때문이다. 그래서 많은 사람이 자신을 위해 더 높은 목표를 세우길 주저한다. 주변의 비판을 두려워하는 까닭이다.

15

사람은 언젠가 자기 인생에도 행운이 찾아오길 바라며 살아간다. 좋은 리더나 책, 조언을 만나는 것도 삶의 큰 행운이다. 하지만 그런 행운은 열망과 결합하지 않으면 부로 연결되지 않는다. 실망이나 좌절, 일시적 패배, 비평, 불쑥불쑥 치솟는 회의 등을 모두 극복할 수 있는 불타는 열망 말이다. 이 열망의 다른 말은 집념이다.

15

인내는 마음의 상태이며, 마음의 상태는 얼마든지 조정할 수 있다. 마음의 상태에 영향을 미치는 동기는 다양하다. 인내력은 목적의 명확성, 열망, 자신감, 적절한 계획, 정확한 지식, 협력, 의지, 습관과 같은 명확한 동기에 의해 길러진다.

16

아이디어는 잘 구슬리고 달래며 소멸하지 않도록 유도하면, 점차 힘을 지닌 거대한 존재가 된다. 오히려 나를 구슬리고 달래며 앞으로 나아가게 하는 원동력이 된다. 처음에는 아이디어에 생명을 주고 활력과 지침을 제공해야 하지만, 아이디어는 점차 자기 힘으로 존재해 반대편의 모든 것을 쓸어버린다.

14

성공한 사람들은 일반적으로 다음과 같은 약점을 극복했다.
1. 미루는 버릇(대개 핑계나 변명을 동반한다), 2. 전문 지식 습득에 관한 관심 부족, 3. 자기만족, 4. 빈약한 열망, 5. 쉽게 포기하는 태도, 6. 가난과 타협하는 마음가짐, 7. 비판에 대한 두려움.

17

아이디어는 두뇌의 능력을 넘어서는 무형의 힘을 지닌다. 그리고 그 두뇌가 먼지로 돌아간 뒤에도 생명력을 유지한다. 기독교가 그 예다. 기독교는 예수의 두뇌에서 태어난 단순한 아이디어였다. 그 핵심 교리는 '남에게 대접받고자 하는 대로 남을 대접하라'이다. 그는 떠났지만, 그 아이디어는 여전히 행진을 멈추지 않는다.

13

인내력을 기르는 필수 요소 중에 자신에게 부족한 것이 무엇인지 확인해 보자. 하나하나 짚어가며 과감하게 스스로 진단하고 무엇을 채워야 하는지 생각해 보자. 이 분석 결과는 자신을 새롭게 발견하도록 할 것이다.

18

상상력은 우리의 마음을 자극해 새로운 아이디어를 품고, 목표 달성에 도움이 될 계획을 세우도록 이끈다. 말하자면 '낡은 돌로 새집을 짓는 방법'을 가르쳐주는 것이다. 이미 잘 알려진 낡은 지식으로 새로운 아이디어를 만들어 내는 방법을 보여주며, 오래된 아이디어를 새롭게 사용하는 방법도 가르친다.

12

인내력을 키우는 8가지 동기를 숙지하자.

1. 목적의 명확성, 2. 열망, 3. 자신감, 4. 계획의 명확성, 5. 정확한 지식, 6. 협력, 7. 의지, 8. 습관.

19

저축하는 습관을 기르는 것은 나의 소득에 한계를 정한다는 의미가 아니다. 오히려 정반대의 의미다. 이 원칙을 적용하면 현재 소득을 체계적 방법으로 보존할 수 있을 뿐 아니라 더 나은 기회를 포착할 수 있는 위치에 서게 된다. 그리고 실제로 자신의 소득을 높일 수 있는 비전과 자신감, 상상력, 열정, 솔선수범의 자세, 리더십 등의 자질도 갖추게 된다.

11

인내의 절대적 가치를 온몸으로 체득한 사람은 극히 드물다. 그들은 실패를 단순한 일시적 좌절로 받아들이며, 열망을 따라 끊임없이 실천해 마침내 실패를 승리로 바꾼다. 실패를 더 노력하라는 신호로 받아들이는 이들은 결코 뒤로 물러나는 삶을 선택하지 않는다.

리더는 명확한 목표, 자신감, 솔선수범, 그리고 리더십의 원리를 활용할 줄 알아야 한다. 성공적인 리더는 상상력과 열정, 자기통제, 쾌활한 성품, 정확한 사고, 집중과 관용의 덕목도 갖추고 있다. 이 모든 법칙이 조화를 이뤄야만 진정 위대한 리더가 될 수 있다. 그중 하나라도 부족하다면, 리더의 힘은 그만큼 줄어든다.

10

인내하는 습관을 들인 사람은 실패에 대비해 보험을 든 것과 같다. 몇 번의 좌절을 겪어도 끝내 정상에 오르게 된다. 때때로 그것은 온갖 좌절을 헤쳐 나가도록 해주는, 보이지 않는 길잡이처럼 보일 수도 있다. 그 보이지 않는 길잡이는 인내력 시험을 통과하지 못한 사람에게 절대 위대한 성공을 만끽하도록 허락하지 않는다.

다른 사람이 개성을 고집하지 않고 자기를 따르게 만드는 능력이 성공의 가장 중요한 요건이다. 그것을 얼마나 이해했는지는 중요하지 않다. 추종 자들이 자신의 계획을 받아들이고 충실히 실행하도록 이끄는 성품과 상 상력을 보유한 사람이야말로 유능한 리더다.

09

신중하게 팀을 꾸리면, 그중 누군가는 인내력을 기르는 데 힘이 되어줄 것이다. 거대한 부를 쌓은 사람 중 일부는 인내하지 않으면 안 되는 상황 속에서 자연스럽게 인내의 습관을 길렀다. 인내력을 대신할 수 있는 것은 없다. 이 사실을 기억하라. 인생의 여정이 어렵고 더디게 느껴질 때 큰 격려가 될 것이다.

22

상상력의 장점 중 하나는 문제를 잘게 나누어 더 유리한 방식으로 다시 조합할 수 있다는 점이다. 전투의 승패가 총알이 쏟아지는 최전선이 아니라 후방에서 세운 전략에 달려 있듯, 비즈니스와 삶의 문제들도 마찬가지다. 우리가 어떤 계획을 세우고 실행하느냐에 따라 결과는 달라진다.

08

가난은 마음속에서 그것을 받아들인 사람에게 끌려간다. 돈을 끌어들이려고 의도적으로 마음가짐을 준비한 사람에게 돈이 모이는 것과 같다. 가난을 받아들인 마음은 돈에 무심한 태도를 지배하며, 결국 가난을 향한 습관을 만들어 낸다. 돈에 대한 관심은 타고나는 것이 아니라, 체계적으로 길러야 하는 것이다.

노력의 방향을 체계화하려면, 먼저 상상력으로 비전을 그리고 명확한 목표를 세워야 한다. 그다음, 솔선수범과 자신감을 바탕으로 추진력 있는 계획을 세운다. 이 모든 요소가 하나로 모일 때 리더는 진정한 힘을 갖게 된다. 반대로, 이러한 원칙 없이는 리더십을 제대로 발휘할 수 없다.

07

잠재의식은 깨어 있을 때나, 잠들어 있을 때나 늘 작동한다. 간헐적이거나 불규칙하게 부자의 법칙을 적용하는 것은 아무 의미가 없다. 의미 있는 결과를 얻으려면, 확고한 습관이 될 때까지 이 법칙들을 꾸준히 실천해야 한다. 성공에 필요한 '돈에 대한 관심'을 키우는 길은 결국 이 방법뿐이다.

24

상상력은 낡은 아이디어와 이미 입증된 사실을 조합하거나 새로운 방법에 적용해, 새로운 아이디어와 계획을 창출하는 우리 마음의 작업장이다. 다음과 같은 상상력의 정의를 참고할 필요가 있다. "지식이나 사고를 분류해 새롭고 독창적이며 이성적인 체계로 만드는 건설적 두뇌 활동이다."

물이 바다로 흘러들 듯, 행운도 그것을 받아들일 마음가짐이 된 사람에게 모여든다. 마음의 동요를 잠재우고, 열망의 목표와 파장을 맞추려는 노력이 필요하다. 만약 인내심이 부족하다면, 팀을 꾸려 서로의 협력과 격려 속에서 인내를 다지는 것도 좋은 방법이다.

25

명확한 중점 목표는 상상력 속에서 조합되고 결합한다. 자신감과 솔선수범, 리더십도 현실에서 실현되기에 앞서, 상상력 속에서 먼저 길러진다. 성공에 필요한 요건을 갖추는 과정에서 자기암시가 작동하는 곳이 바로 상상력의 작업장이다.

05

성취의 출발점은 열망이다. 이를 항상 마음속에 새겨둬야 한다. 작은 불꽃이 미약한 열을 만들 수밖에 없듯, 빈약한 열망은 빈약한 결과밖에 만들지 못한다. 만약 자신에게 인내력이 부족하다면, 열망에 큰불을 지펴 자기 약점을 지속해서 상기하는 것도 좋은 방법이다.

26

이미 부유해진 자기 모습을 그려보지 못한다면, 인생의 목표와 자신감, 솔선수범의 자세, 리더십 역시 갖추기 어렵다. 모든 물질적 성취는 상상력에서 출발한 체계적인 계획에서 시작된다. 무엇보다 먼저 생각이 있어야 하고, 그 생각을 아이디어와 계획으로 체계화할 때 현실의 성취로 이어진다. 결국, 모든 시작은 상상력이다.

04

인내력을 대체할 수 있는 것은 아무것도 없다. 다시 말해, 인내하는 습관을 길러온 사람은 실패에 대한 보험을 든 것과 다름없다. 실패를 몇 번 겪더라도 결국에는 정상에 도달할 것이기 때문이다.

27

상상력에는 외부에서 발생한 생각의 파장이나 진동을 받아들이는 능력도 포함된다. 이는 마치 라디오가 전파를 수신해 소리의 진동을 포착하는 것과 같다. 우리가 텔레파시라 부르는 정신 감응은 상상력의 또 다른 속성이다. 텔레파시는 근거리든 장거리든, 물리적 도구 없이 생각으로 소통하는 것을 말한다.

03

처음에는 서서히 움직이면서 점점 속도를 높여, 자기 의지를 완전히 통제할 힘을 확보할 때까지 스스로 심리적 타성에서 벗어나야 한다. 처음에 속도가 아무리 느리더라도 인내심을 가져야 한다. 성공은 결코 한순간에 찾아오지 않는다.

May

28

상상력을 모호하고 현실과 동떨어진 것이라 여겨, 오로지 소설을 쓰는 데나 쓸모 있다고 여기는 실수를 범하지 말라. 분명한 목표를 향해 나아가는 순간, 상상력이 얼마나 강력한 추진력이 되는지 직접 경험하게 될 것이다.

02

많은 사람이 처음 장애물에 부딪히거나 불행에 맞닥뜨렸을 때, 자기 목표를 포기하곤 한다. 모든 어려움에도 굴하지 않고 끝내 목적을 이루는 사람은 극히 드물다. 인내라는 말은 영웅적인 의미를 내포하고 있지 않다. 하지만 인내는 탄소가 강철을 만들듯 인간의 성품을 단단하게 만든다.

29

우리가 절대적 통제력을 행사할 수 있는 유일한 대상은 상상력이다. 부 (富)는 수많은 방법으로 타인에게 빼앗길 수 있지만, 상상력을 통제하고 사용하는 능력만큼은 누구도 강탈할 수 없다. 타인이 불공정하게 대하거나 자유를 박탈할 수는 있어도, 상상력을 쓸 특권까지 빼앗을 수는 없다. 상상력은 우리의 고유한 힘이다.

01

인내는 열망을 금전적인 대체물로 변환하는 과정에 반드시 필요한 요소다. 인내의 근간은 의지력이다. 의지력과 열망이 적절히 결합하면 그 어떤 것도 장애나 방해가 될 수 없다. 강인한 의지와 인내로 열망을 성취하자.

가장 중대한 난관은 상상력의 힘을 제대로 이해하지 못할 때 발생한다. 반대로 만약 그 힘을 제대로 이해한다면 가난이나 좌절, 부당함이나 박해를 일소할 수 있는 무기로 사용할 수 있다. 누구나 한 세대 안에 그렇게 할 수 있다.

August

8

Guide to Success

Napoleon Hill

31

성공은 어떤 설명을 요구하지 않고, 실패는 어떤 변명도 허락하지 않는다. 실패만 거듭한다면, 원인은 단 하나뿐이다. 바로 체계화된 계획이 없다는 것이다.

31

인내의 부재는 실패의 가장 큰 원인 중 하나다. 수많은 사례가 이를 증명하듯, 인내 부족은 많은 사람이 지닌 공통된 약점이다. 그러나 이 약점은 노력으로 극복할 수 있다. 인내할 수 없다면, 시작조차 하지 말라.

June

6

Guide to Success

Napoleon Hill

인생이라는 체스판에서 언제나 올바른 선택만 할 수는 없다. 하지만 신중히 생각하고 체스 말을 움직인다면 평균의 법칙이 적용될 것이고, 인생이라는 엄청난 게임이 끝날 때쯤이면 칭찬받을 만한 점수를 축적할 것이다.

01

토머스 에디슨은 백열등을 발명하기까지 무려 만 번의 실패를 겪었다. 그의 노력은 수많은 일시적 패배를 거쳐서야 마침내 성공의 결실을 보았다. 일시적 패배가 의미하는 것은 단 한 가지다. 바로 계획에 결점이 있다는 사실이다. 이를 깨달아야 한다.

29

우리는 지금 시간을 상대로 체스를 두고 있다. 중요한 건 언제나 우리의 다음 수다. 신속히 의사 결정을 내리면 시간은 호의를 베풀 테지만, 지체하면 우리를 체스판 밖으로 밀어낼 것이다.

02

다음의 사실을 염두에 두자. 첫째, 나는 지금 내게 매우 중요한 과업을 수행하고 있다. 성공을 확신하려면 완벽한 계획이 필요하다. 둘째, 경험과 교육, 타고난 재능, 그리고 다른 사람의 마음을 상상하는 능력을 활용해야 한다. 이것은 이미 엄청난 부를 축적한 모든 사람이 사용했던 방법이다.

28

콜럼버스가 대항해를 결심한 것은 인류 역사상 가장 깊은 의미와 지속적인 여파를 남긴 결단이었다. 만약 그가 그 결심을 끝까지 밀고 나가지 않았다면, 오늘날의 민주적 체제인 미합중국은 존재하지 않았을지도 모른다. 성공한 사람들은 신속히 결단을 내리고, 일단 내린 결단은 반드시 끝까지 밀고 나간다.

03

엄청난 부를 쌓은 사람들이 남보다 특별히 뛰어나서 성공한 것은 아니다. 단지 확고한 계획을 세우고 실천했기 때문이다. 체계적인 계획보다 더 큰 성취의 비결은 없다. 당연한 말 같지만, 그것이 진실이다. 이 사실은 아무리 강조해도 지나치지 않는다.

27

결단력 있는 사람은 시간이 오래 걸리든, 그 과정이 힘들든 상관없이 끝내 원하는 것을 이룬다. 그들은 절대 멈추지 않는다. 반대로 우유부단한 사람은 아예 시작조차 하지 못한다. 나는 과연 어느 쪽에 설 것인가.

04

처음 세운 계획대로 일이 이루어지지 않았다면 새로운 계획을 세워라. 그 마저도 뜻대로 되지 않으면, 과감히 계획을 바꿔라. 성공할 때까지 끊임 없이 수정하고 시도하는 것이다. 실패 대부분은 여기에서 비롯된다. 실패 한 계획을 대체할 새로운 방안을 끝없이 세우고 실천할 끈기가 부족하기 때문이다.

능숙한 영업사원에게 다수가 지닌 약점이 무엇인지 묻는다면, 주저 없이 '우유부단함'이라 답할 것이다. 영업사원이라면 누구나 "생각해 보겠습니다"라는 진부한 구실에 익숙하다. "YES", 혹은 "NO"라고 말할 용기가 없는 사람들이 스스로 만든 방패일 뿐이다. 세상의 위대한 리더는 모두 신속한 의사 결정을 내렸다.

05

세상에서 가장 지식이 풍부하고 지력이 뛰어난 사람이라도, 실질적이고 실현 가능한 계획이 없다면 부를 축적할 수 없다. 다른 어떤 과업도 성공할 수 없다. 또한, 계획의 실패가 영원한 실패를 뜻하지는 않는다는 사실을 기억해야 한다. 대개는 계획이 미흡했을 뿐이다. 새로운 계획을 세우면 된다. 다시 시작하면 된다.

25

간절히 열망하는 목표나 조건, 혹은 지위에 대해 명확히 결단을 내리고 나면, 책이나 신문, 영상 속에서도 자연스레 그것과 관련된 정보와 기사들에 시선이 머물게 된다. 그리고 그 자료를 어떻게 활용할지 적극적으로 상상하면 할수록, 목표에 이르는 기회가 차츰 눈앞에 모습을 드러낸다.

06

확고한 계획은 위대한 성취의 가장 견고한 토대이다. 이것은 분명한 진실이다. 스스로 포기하지 않는 한, 그 누구도 패배자로 불릴 수 없다. 헨리 포드는 자동차 사업 초기뿐 아니라 정상에 오른 이후에도 여러 차례 일시적인 실패를 겪었다. 그러나 그는 그때마다 새 계획을 세우고, 부를 향한 전진을 결코 멈추지 않았다.

시계의 초침이 움직일 때마다 우리는 시간과 경주하고 있는 셈이다. 미루는 것은 곧 실패를 뜻한다. 잃어버린 시간을 되찾을 수는 없기 때문이다. 그러나 시간은 실패와 좌절의 상처를 치유하고 잘못을 바로잡으며, 모든 실수를 자산으로 바꾸어 주는 장인이기도 하다. 시간은 의사 결정이 필요한 순간, 미루지 않고 행동하는 사람에게 언제나 호의를 베푼다.

성공의 철학을 따르는 사람은 부를 이루는 길에 일시적인 패배가 따르기 마련임을 안다. 패배를 겪었다면, 자기 계획의 부족한 점을 인정하고 새로운 방향을 세워야 한다. 그리고 목표를 향해 다시 나아가야 한다. 목표에 닿기 전에 포기한다면, 결코 승자가 될 수 없다.

23

상상력은 신속하고 명확한 결단과 행동이 요구되는 비상사태에서 가장 활발히 작동한다. 그런 상황에서 결단을 내리고 계획을 세우며 상상력을 발휘하는 일은 곧 천재적 행위와 다르지 않다. 실제로 수많은 천재가 절박한 순간, 상상력이라는 불가사의한 자극 속에서 탄생했다.

08

어떤 사람들은 돈만이 돈을 벌게 해준다고 믿지만, 그것은 사실이 아니다. '부자 법칙 6단계'를 통해 돈으로 바뀐 열망이야말로, 돈이 돈을 벌게 하는 진짜 매개체다. 돈은 그 자체만으로는 단순한 사물에 불과하다. 스스로 움직이지도, 생각하지도, 말하지도 못한다. 그러나 열망을 품은 사람이 다가가 부른다면, 돈은 응답한다.

22

불운과 일시적 패배는 불행처럼 보이지만, 사실은 값진 경험이다. 그런 경험은 우리로 하여금 상상력과 결단력을 발휘하게 만든다. 더 이상 물러설 곳이 없고 퇴로가 차단된 순간, 사람은 오히려 끝까지 맞선다. 그때 우리는 도망칠 것인가, 아니면 맞설 것인가?

09

세상에는 두 부류가 있다. 리더와 추종자다. 추종자가 되는 것은 부끄러운 일이 아니다. 위대한 리더들 대부분은 처음엔 추종자였다. 다만 그들은 영리한 추종자였기에 리더가 될 수 있었다. 영리하지 않은 추종자는 훌륭한 리더로 성장할 수 없다. 영리한 추종자는 많은 이점을 가진다. 그중 하나는 리더에게서 직접 배울 기회다.

21

리더는 명확한 목표만이 아니라, 그 목표를 실현할 구체적이고 분명한 계획도 세워야 한다. 또한 자신감이 성공의 핵심 도구임을 알아야 한다. 추종자가 결정을 내리지 못하는 가장 큰 이유는 바로 자신감 부족이다.

리더십의 10대 요소

1. 자기 자신과 직무 지식에 근거한 흔들리지 않는 용기, 2. 자기 통제력, 3. 정의감, 4. 결단력, 5. 명확한 계획 수립, 6. 쾌활한 성품, 7. 공감과 이해, 8. 세부 사항에 대한 숙지, 9. 책임을 기꺼이 감수하는 자세, 10. 협력적인 태도.

....

....

....

....

....

....

....

....

20

삶의 여정에서 만나는 많은 추종자는 자신이 무엇을 원하는지조차 알지 못한다. 사소한 일이라도 리더가 방향을 제시하지 않으면, 의사결정 앞에서 망설이고 주저하기 마련이다. 대부분이 신속한 결단을 내리지 못하거나 결심할 의지가 없다는 사실은, 오히려 명확한 계획을 세운 리더에게 커다란 이점이 된다.

11

리더십에는 두 가지 형태가 있다. 첫째는 추종자들의 합의와 동의에 기반한 리더십으로, 가장 효과적인 형태다. 둘째는 합의나 동의 없이 힘으로만 유지되는 리더십이다. 역사는 힘에 의한 리더십이 결코 오래가지 못한다는 사실을 보여준다. 독재자의 몰락이 말해주듯, 사람들은 힘으로만 세워진 리더십을 끝까지 따르지 않는다.

19

자신의 명확한 목표가 저절로 이루어질 것이라고 착각하거나 자신을 속여서는 안 된다. 목표는 신중히 세운 계획과, 이를 뒷받침하는 굳은 의지, 그리고 직접 실행에 나서는 솔선수범을 통해서만 현실이 된다. 이러한 요소가 없다면 목표는 결코 이룰 수 없다.

12

리더십 실패의 주요 원인 1

효율적인 리더십은 세부 사항을 숙지하고 이를 체계화하는 능력에서 나온다. 너무 바빠서 계획의 수정이나 비상사태에 대응하지 못한다면, 그것은 곧 비효율을 드러내는 것이다. 유능한 리더는 세부 사항을 철저히 파악하면서도, 동시에 보좌역들에게 적절히 위임할 줄 안다.

18

예금을 만들고 꾸준히 수입의 일부를 저축하려면 성실함과 의지, 그리고 확고한 결단이 필요하다. 경제적 자유와 독립을 누릴 수 있느냐를 가르는 기준은 단 하나다. 소득 수준은 중요하지 않다. 총소득에서 일정 금액을 저축하는 체계적 습관을 지닌 사람만이, 결국 경제적 독립에 도달한다.

13

리더십 실패의 주요 원인 2

서비스 제공을 꺼리는 마음이다. 훌륭한 리더는 상황이 요구하는 어떤 일이든 기꺼이 감당한다. 평소라면 다른 사람에게 맡겼을 노동이라도 직접 수행한다. "가장 위대한 사람은 모든 이의 하인이다"라는 말은 모든 유능한 리더가 깊이 새겨야 할 진실이다.

17

명확한 목표를 세우고 그 목표를 중심으로 일하는 습관은, 주어진 일을 끝까지 완수할 때까지 집중력을 잃지 않게 한다. 목표에 집중하며 꾸준히 노력하는 습관은 성공을 위한 필수 조건이다.

리더십 실패의 주요 원인 3

지식을 성과로 바꾸지 않고, 단지 알고 있다는 이유만으로 보상을 기대하는 태도다. 보상은 지식 그 자체에는 주어지지 않는다. 오직 자신이 직접 한 일, 혹은 다른 사람을 이끌어서 하게 만든 일에 대해서만 주어진다.

16

각자의 분야에서 탁월한 성공을 거둔 100명을 살펴보니, 그들 모두에게 한 가지 공통점이 있었다. 즉각적이고 명확한 의사결정 능력을 갖추고 있다는 점이다. 분명한 목표를 세우고 일하는 습관은 신속한 결단으로 이어지며, 이것이 인생 전반에 커다란 힘을 발휘한다.

리더십 실패의 주요 원인 4

자기 자리를 빼앗길까 봐 두려워하는 리더는, 결국 그 두려움을 현실로 만든다. 반면 유능한 리더는 후계자를 스스로 길러낸다. 이것이야말로 자신을 복제해 더 많은 일을 동시에 처리하는 길이다. 혼자서 이룰 수 있는 것보다 일을 맡겨 얻는 성과가 훨씬 크다는 사실은 변함없는 진리다.

15

성공이 어떤 힘에서 비롯되는 것이라면, 그 힘은 체계적인 노력에서 나온다. 체계화의 출발점은 언제나 명확한 목적이다. 그렇기에 명확한 목적이 왜 필수적인지는 쉽게 이해할 수 있을 것이다. 명확한 목적이야말로 인생을 더욱 풍요롭게 만든다.

리더십 실패의 주요 원인 5

상상력이 부족한 리더는 비상사태에 직면했을 때 해결할 능력이나 추종자들을 효율적으로 이끌어갈 계획 수립 능력이 부족하다.

14

의사결정에는 언제나 용기가 필요하다. 때로는 상상 이상의 큰 용기가 요구되기도 한다. 미국 독립선언문에 서명한 56인은 실제로 목숨을 걸었다. 과연 당신은 원하는 것을 얻기 위해 인생 전체를 걸 각오가 되어 있는가? 재정적 독립과 부, 매력적인 사업성, 그리고 전문성이 요구되는 지위는 확고한 희망과 철저한 계획, 간절한 열망을 가진 사람만이 얻는다.

17

리더십 실패의 주요 원인 6

모든 성과를 자기 명예로 돌리는 이기적인 리더는, 결국 추종자들의 분노에 직면하게 된다. 반대로 훌륭한 리더는 공을 주장하지 않고, 명예가 추종자들에게 돌아가는 것을 기꺼이 지켜본다. 그들은 부하가 칭찬과 인정을 받을 때 더 열심히 일한다는 사실을 잘 알기 때문이다.

13

미루는 버릇은 대개 어린 나이에 시작된다. 어린아이가 자라면서 버릇은 점점 습관으로 굳어지고, 결국 그런 아이는 명확한 목적도 없이 청년 시절을 허비하기도 한다. 교육 제도의 결함으로 인해 습득된 고질적인 습관은 학교를 넘어 사회생활까지도 그대로 이어진다. 처음 구한 일자리에 그대로 안주하는 사람이 많은 것도 결국 미루는 버릇이 고착된 탓이다.

18

리더십 실패의 주요 원인 7

추종자들은 절제하지 못하는 리더를 존경하지 않는다. 더 나아가 무절제는 어떤 형태로 나타나든, 그것을 탐닉하는 사람의 인내력과 생명력을 파괴한다.

12

즉각적이고 명확한 결단력을 가진 사람은 자신이 무엇을 원하는지 분명히 알고, 대체로 그 목표를 이룬다. 인생의 여정에서 만나는 모든 리더는 신속하고 단호한 결정을 내릴 줄 안다. 그들이 리더가 된 가장 큰 이유가 바로 그것이다. 세상은 언제나 자신이 가고자 하는 방향을 말과 행동으로 증명할 수 있는 사람에게 자리를 내어준다.

리더십 실패의 주요 원인 8

의리의 부재는 리더십에서 가장 치명적인 실패 요인일 수 있다. 동료는 물론 윗사람과 아랫사람에게 신의를 저버리는 리더는 오래 버틸 수 없다. 의리를 저버린 사람은 신뢰를 잃고, 결국 경멸과 치욕을 피할 수 없다. 의리의 부재야말로 인생 여정에서 실패를 불러오는 가장 큰 원인이다.

강력한 열망에서 비롯된 생각은 현실로 변환되려는 성질을 지닌다. 그러나 자신만의 비법을 찾는다며 기적을 좇는 것은 어리석은 일이다. 기적을 좇으려 한다면, 오히려 자연의 불변 법칙에 막히고 만다. 신념과 용기를 지닌 사람이라면 누구나 이 법칙을 활용할 수 있다. 결국, 기적은 강력한 열망에서 시작된다.

리더십 실패의 주요 원인 9

권위만을 내세우는 리더다. 진정한 리더는 두려움이 아닌 격려로 추종자들을 이끈다. 권위를 과시하려 애쓰는 이들은 결국 힘에 의존할 뿐이다. 참된 리더는 행동으로 자격을 입증한다. 연민과 이해, 그리고 공정하고 시의적절한 태도가 권위를 대신한다.

10

즉각적이고 명확하게 의사 결정할 수 있는 사람은 자신이 원하는 것을 알고, 대체로 그것을 성취한다. 많은 사람은 결단을 내리지 못하고 불안해하다가 실패한다. 그러나 결단력이 있는 사람은 시간이 오래 걸리든, 과정이 힘겹든 결국 원하는 것을 이룬다. 그들은 도중에 결코 멈추지 않는다. 반대로 우유부단한 사람은 시작조차 하지 못한다.

리더십 실패의 주요 원인 10

경쟁력 있는 리더는 존경을 얻기 위해 지위에 집착하지 않는다. 지위에 의존하는 것은 내세울 자질이 없다는 증거다. 형식과 겉치레에 얽매이지 않는다면, 누구나 진정한 리더십을 얻을 수 있다.

09

결단의 가치는 그에 따르는 용기의 크기에 달려 있다. 문명을 이끈 위대한 결정들은 모두 커다란 위험을 무릅쓰고 내려진 것이었다. 그 위험은 때로 목숨을 잃을 수도 있는 수준이었다. 대담한 결단 없이는 어떤 삶도 달라지지 않는다.

22

누구나 자신이 가장 잘하는 일을 할 때 즐거움을 느낀다. 화가는 그림 그리기를, 공예가는 손으로 만드는 일을, 작가는 글쓰기를 사랑한다. 재능이 부족해도 자신에게 맞는 일을 찾을 수 있다. 자유 민주주의의 장점은 누구에게나 직업의 기회가 있다는 것이다. 그러니 원하는 일을 분명히 정하라.

08

나와 관계를 맺는 모든 사람 역시 나처럼 부를 이루고자 하는 기회를 찾고 있음을 늘 기억하라. 내 계획을 지나치게 드러낸다면, 누군가가 그것을 먼저 실행해 내가 바라던 성과를 거두는 모습을 보고 놀라게 될지도 모른다. 그러니 말보다 행동으로 증명하라.

오늘날, 상품이나 서비스를 판매하는 일에는, 이른바 '황금의 법칙'보다 '황금률'이 더 강력하게 작용하고 있다. 진정한 고용주의 자리는 이제 대중에게로 옮겨가고 있다. 자신의 역량을 효과적으로 세상에 팔고자 하는 사람이라면, 이 사실을 가장 명심해야 한다.

어설픈 지식을 가진 사람은 자신이 큰 지식을 지닌 듯한 인상을 주려 한다. 그는 대개 말이 많고, 다른 사람의 말은 잘 듣지 않는다. 신속한 의사 결정 습관을 기르고 싶다면, 입은 다물고 눈과 귀를 활짝 열어두어야 한다. 말을 지나치게 많이 하는 사람은 다른 일을 할 여력조차 없다. 진정한 지혜는 겸손과 침묵 속에서 드러난다.

24

오늘날 이루어지는 모든 상업적 거래에서 '예의'와 '서비스'는 일종의 암호와 같다. 이는 자신의 개인 역량을 판매하려는 사람에게 더욱 직접적으로 적용된다. 결국 고용주와 피고용인 모두, 자신들의 서비스를 제공받는 대중에게 고용된 것이나 다름없다. 제대로 된 서비스를 제공하지 못한다면, 그 대가는 곧 '기회의 상실'이다.

06

우리는 스스로 생각하고 판단할 수 있는 사고력을 가지고 있다. 그 능력을 적극적으로 사용하라. 의사결정 과정에서 다른 사람이 제공하는 사실이나 정보가 필요할 때도 있을 것이다. 그럴 때는 자신의 목적을 드러내지 않고, 필요한 사실과 정보를 차분히 얻도록 하라.

"죄의 삯은 사망이다." 많은 사람이 이 성경 구절을 들어본 적이 있을 것이다. 그러나 그 뜻을 깊이 깨달은 사람은 많지 않다. "심은 대로 거두리라." 이 말씀도 같은 진리를 전한다. 모든 일에는 반드시 원인이 있다. 비즈니스와 금융을 지배하는 원인과 결과의 법칙이 있다면, 그것은 개인에게도 동일하게 적용된다. 결국 그 법칙이 개인의 경제적 운명을 결정짓는다.

05

가까운 친구나 친척의 비판이나 농담이 의도치 않게 기를 꺾을 때가 있다. 많은 사람이 평생 열등감에 시달리며 살아간다. 나쁜 뜻이 아니라 하더라도, 무지한 누군가의 말에 자신감을 잃는 어리석은 사람이 되어서는 안 된다.

26

사람은 누구나 자기 개인 서비스(역량)를 판매하는 영업사원이다. 그 서비스가 지닌 질과 양, 그리고 정신이 개인의 수입과 사업의 지속성을 좌우한다. 효과적인 판매를 위해서는, 곧 시장의 긍정적 평가와 만족스러운 대가를 얻기 위해서는 '질(Quality) + 양(Quantity) + 직업 정신(Spirit) = 서비스'라는 QQS 공식을 적용하고 실천해야 한다.

04

다른 사람의 의견에 쉽게 휘둘리는 사람은 자기 열망이 없는 것과 다름없다. 부자의 법칙을 실행할 때는 자기 결단력을 믿고 주저 없이 행동해야 한다. 스스로 선택한 전문가가 아니라면, 누구도 쉽게 신뢰해서는 안 된다. 전문가팀을 꾸릴 때는 반드시 자기 목적과 완벽히 조화를 이루는 사람들만 선택해야 한다.

27

QQS 공식: 1. '서비스의 질'은 자신의 직무와 관련된 세부 사항을 효율적으로 수행하는 것을 뜻한다. 2. '서비스의 양'은 연습과 경험으로 기술을 갈고닦으며, 언제든 가능한 한 모든 서비스를 제공하는 습관을 말한다. 핵심은 바로 '습관'이다. 3. '서비스의 정신'은 긍정적 태도로 협력하고 조화를 이루려는 습관적 태도를 의미한다.

03

필요한 만큼의 부를 쌓지 못한 사람들 대부분은 다른 사람의 의견에 쉽게 흔들린다. 신문이나 주변 사람들의 말에 의존하며 스스로 생각하기를 포기하는 것이다. 그러나 다른 이의 의견은 세상에서 가장 쓸모없는 것 중 하나다. 타인의 의견에 따라 자신의 길을 정한다면, 어떤 과업도 성공적으로 이루기 어렵고 열망을 돈으로 바꾸는 일도 할 수 없다.

28

쾌활한 성품이 중요한 이유는, 그것이 서비스를 제공할 때 올바른 정신을 갖추게 하기 때문이다. 다른 사람에게 즐거움을 주는 성품은 곧 조화로운 마음으로 서비스하려는 자세를 의미한다. 이러한 태도는 때로 서비스의 질이나 양에서 부족한 점을 메워준다. 유쾌한 품행을 대신할 수 있는 것은 아무것도 없다.

02

수백만 달러의 부를 축적한 수백 명을 분석한 결과, 그들 모두가 신속한 의사결정 습관을 지니고 있었다. 반면, 부의 축적에 실패한 사람들은 예외 없이 더딘 의사결정 습관을 갖고 있었다. 의사결정 속도에 따른 차이는 매우 뚜렷하다.

29

수단과 방법을 가리지 않고 기어이 목적을 달성하는 사람(Go-getter)
의 시대는 이미 지나갔다. 지금은 아낌없이 주는 사람(Go-giver)의 시
대다. 비즈니스에서 압박을 가해 목적을 이루려는 방식은 이제 그 생명
을 다했다.

01

실패한 2만 5천 건의 사례를 면밀히 분석한 결과, 실패의 30가지 주요 원인 중 가장 빈번한 것은 '결단력의 부재'였다. 이는 단순한 이론이 아니라 엄연한 사실이다. 결단력의 반대인 '미루는 버릇'은 모든 사람이 반드시 극복해야 할 공통의 적이다.

30

두뇌 활동의 가치는 비즈니스 활동에서 요구되는 수준을 훨씬 뛰어넘는다. 두뇌 활동은 감가 상각되지 않고, 유실되거나 소모되지도 않는 자산이기 때문이다. 우물쭈물하며 미루고, 아무 결정도 하지 마라. 의미 없이 살아가고 싶다면.

July

7

Guide to Success

Napoleon Hill

마음이 상상하고 믿는 것은
무엇이든 성취할 수 있다.

기다리지 말라.
완벽한 때란 없다.

Whatever the mind of man
can conceive and
believe, it can achieve.

Do not wait;
the time will never be
'just right.'

값 22,000원

9 791194 085812

ISBN 979-11-94085-81-2   03190